Theorien sozialer Konflikte – vom Überblick zur konzeptionellen Weiterentwicklung

Ansgar Thiel · Olaf Kühne

Theorien sozialer Konflikte – vom Überblick zur konzeptionellen Weiterentwicklung

Ansgar Thiel
Deutsche Sporthochschule Köln
Köln, Deutschland

Olaf Kühne
Eberhard Karls Universität Tübingen
Tübingen, Deutschland

ISBN 978-3-658-45868-3   ISBN 978-3-658-45869-0 (eBook)
https://doi.org/10.1007/978-3-658-45869-0

Die Deutsche Nationalbibliothek verzeichnet diese Publikation in der Deutschen Nationalbibliografie; detaillierte bibliografische Daten sind im Internet über https://portal.dnb.de abrufbar.

© Der/die Herausgeber bzw. der/die Autor(en), exklusiv lizenziert an Springer Fachmedien Wiesbaden GmbH, ein Teil von Springer Nature 2024
Bei diesem Buch handelt es sich um eine grundlegend veränderte, aktualisierte und mit einer neuen Ausrichtung versehene Bearbeitung von Thiel, A. (2003). Soziale Konflikte. Bielefeld: transcript.

Das Werk einschließlich aller seiner Teile ist urheberrechtlich geschützt. Jede Verwertung, die nicht ausdrücklich vom Urheberrechtsgesetz zugelassen ist, bedarf der vorherigen Zustimmung des Verlags. Das gilt insbesondere für Vervielfältigungen, Bearbeitungen, Übersetzungen, Mikroverfilmungen und die Einspeicherung und Verarbeitung in elektronischen Systemen.
Die Wiedergabe von allgemein beschreibenden Bezeichnungen, Marken, Unternehmensnamen etc. in diesem Werk bedeutet nicht, dass diese frei durch jede Person benutzt werden dürfen. Die Berechtigung zur Benutzung unterliegt, auch ohne gesonderten Hinweis hierzu, den Regeln des Markenrechts. Die Rechte des/der jeweiligen Zeicheninhaber*in sind zu beachten.
Der Verlag, die Autor*innen und die Herausgeber*innen gehen davon aus, dass die Angaben und Informationen in diesem Werk zum Zeitpunkt der Veröffentlichung vollständig und korrekt sind. Weder der Verlag noch die Autor*innen oder die Herausgeber*innen übernehmen, ausdrücklich oder implizit, Gewähr für den Inhalt des Werkes, etwaige Fehler oder Äußerungen. Der Verlag bleibt im Hinblick auf geografische Zuordnungen und Gebietsbezeichnungen in veröffentlichten Karten und Institutionsadressen neutral.

Springer VS ist ein Imprint der eingetragenen Gesellschaft Springer Fachmedien Wiesbaden GmbH und ist ein Teil von Springer Nature.
Die Anschrift der Gesellschaft ist: Abraham-Lincoln-Str. 46, 65189 Wiesbaden, Germany

Wenn Sie dieses Produkt entsorgen, geben Sie das Papier bitte zum Recycling.

Inhaltsverzeichnis

1	**Vorgespräch**	1
	Literatur	9
2	**Einleitung**	11
	Literatur	14
3	**Grundlegende Theoriepositionen**	15
	3.1 Warum Theorie?	16
	3.2 Auswahl der behandelten Theorien	18
	3.3 Klassiker zur Theoriebildung zu sozialen Konflikten	22
	Literatur	23
4	**Aktuelle Theorien sozialer Konflikte**	25
	4.1 Konflikt als Struktureffekt: Dahrendorf	26
	4.1.1 Gründe, Abläufe und Ausprägungen von Konflikten	27
	4.1.2 Konflikte und Lebenschancen	31
	4.1.3 Diskussion	32
	4.2 Konflikt zwischen Funktion und Dysfunktion: Coser	35
	4.2.1 Ausgangssituation	36
	4.2.2 Grundzüge Cosers Konflikttheorie	36
	4.2.3 Diskussion	38
	4.3 Konflikt als Spiel	40
	4.3.1 Grundzüge der spieltheoretischen Befassung mit Konflikten	41
	4.3.2 Das Gefangenendilemma als Grundkonflikt	42

	4.3.3	Das *Chicken Game* als Beispiel für einen Zwei-Personen-Konflikt mit zwei Strategien	45
	4.3.4	Diskussion	46
4.4	Konflikt als eskalatives Geschehen: Glasl		48
	4.4.1	Grundzüge der Konflikttheorie Glasls	48
	4.4.2	Diskussion	50
4.5	Konflikt als soziales System: Luhmann		53
	4.5.1	Die Luhmannsche Systemtheorie – einige grundlegende Bemerkungen	54
	4.5.2	Grundzüge der Luhmannschen Konflikttheorie	56
	4.5.3	Konflikt als Kommunikation	57
	4.5.4	Konflikte als soziale Systeme	60
	4.5.5	Diskussion	62
Literatur			64

5 Spezielle Fragen – und Antworten, die die Luhmannsche und die Dahrendorfsche Perspektive erweitern ... 69

5.1	Konflikte um Lebenschancen		70
	5.1.1	Konflikte innerhalb und zwischen Optionen und Ligaturen	70
	5.1.2	Eine Erweiterung des Verständnisses von Optionen und Ligaturen als Grundlage für ein differenzierteres Verständnis von Konflikten	72
	5.1.3	Optionen, Ligaturen und ihre Konflikte	75
5.2	Entstehung, Stabilisierung und Eskalation von Konfliktsystemen		77
	5.2.1	Konfliktentstehung	78
	5.2.2	Konflikteskalation	92
Literatur			103

6 ‚Abklingen' von Konflikten – zwischen Regelung (Dahrendorf) und Desintegration (Luhmann) ... 107

6.1	Regelung von Konflikten – der Beitrag Dahrendorfs		108
	6.1.1	Konfliktregelung als Umgang mit sozialen Konflikten in demokratischen Gesellschaften	108
	6.1.2	Der Einfluss von Ligaturen auf die Möglichkeiten der Regelung sozialer Konflikte	111
6.2	Desintegration von Konflikten – der Beitrag Luhmanns		113
Literatur			122

7	Kosten und Nutzen von Konflikten	123
	Literatur	127
8	**Fallbeispiel: Konflikte um die Energiewende – Möglichkeiten ihrer Deutung aus unterschiedlichen konflikttheoretischen Perspektiven**	129
	Literatur	137
9	**Fazit und Ausblick**	141
	Literatur	145

Vorgespräch

Zusammenfassung

Dieses Vorgespräch dient dazu, Lesenden einen Überblick über Ziele und Inhalte des Buchs in alltagsweltlicher Sprache zu bieten. Damit verfolgen wir drei Ziele: Erstens ermöglichen wir einen Zugang zu sozialwissenschaftlicher Theoriebildung, die anschlussfähig an alltagsweltliches Erleben ist, zweitens wird umrissen, was im weiteren Verlauf des Buches thematisiert wird – und drittens werden Theorien in Grundzügen angesprochen, die im späteren Verlauf genauer behandelt werden und auf die im Buch immer wieder zurückgegriffen wird.

Schlüsselwörter

Soziale Konflikte • Gesellschaftlicher Wandel • Theoriebildung • Affekt • Niklas Luhmann • Ralf Dahrendorf

Lieber Herr Kühne, lieber Herr Thiel, warum beginnen wir in diesem Buch mit einem Vorgespräch und nicht mit einer Einleitung, wie in klassischen Lehrbüchern üblich?
Thiel: Das hat einen doppelten Grund. Einerseits haben sich in den letzten Jahren die Gewohnheiten geändert, wie Informationen gewonnen und Kenntnisse erworben werden. Da haben dialogische Formen an Bedeutung gewonnen. Der andere Grund ist, dass es sich nicht um ein klassisches Lehrbuch handelt.

© Der/die Autor(en), exklusiv lizenziert an Springer Fachmedien Wiesbaden GmbH, ein Teil von Springer Nature 2024
A. Thiel and O. Kühne, *Theorien sozialer Konflikte – vom Überblick zur konzeptionellen Weiterentwicklung*, https://doi.org/10.1007/978-3-658-45869-0_1

Kühne: Ja, wir liefern nicht allein einen Überblick über den aktuellen Stand der sozialwissenschaftlichen Konfliktforschung, sondern vertiefen diesen und entwickeln ihn weiter, um so zu zeigen, was Konflikttheorie heute zu leisten vermag, und auch, warum sie heute so relevant ist.

Ich verstehe, dass sich Ihr Buch dezidiert auf Theorien sozialer Konflikte bezieht. Ist es aber nicht etwas aus der Zeit gefallen, angesichts der großen Herausforderungen der Gegenwart, sich mit Theorien zu befassen? Brauchen wir nicht ein praktisches Herangehen?

Kühne: Wir brauchen beides. Ohne abstrahierende Reflexion und ohne Einordnung, nennen wir dies einmal Theorie, ist praktisches Handeln orientierungslos und ohne praktisches Handeln ist Theorie gesellschaftlich belanglos. Die Sozialwissenschaften haben die zentrale Aufgabe, gesellschaftliche Normalität zu hinterfragen, sich mit ihrer Konstruiertheit und Kontingenz zu befassen (unter Kontingenz verstehen wir das nicht Zwingende, aber auch nicht Unmögliche). Theorie hat zudem eine ordnende Funktion, die Fülle von empirischem Material strukturieren zu können, mithilfe von Theorie lassen sich Vergleiche zwischen empirischen Ergebnissen anstellen, auch solchen, die sich nicht explizit an eine Theorie binden.

Thiel: Theorien sozialer Konflikte sind in diesem Sinne Werkzeuge, um – ich bediene mich jetzt mal der Sprache empirischer Forschung – ein Netzwerk von Hypothesen oder anerkannten empirischen ‚Legalitäten' zu schaffen, das Strukturen und Prozesse in konfliktären Zusammenhängen nachzuvollziehen und einzuordnen erlaubt. Aus Theorien können Fragestellungen für die empirische Forschung abgeleitet werden. Auch erleichtern Theorien einen interdisziplinären Austausch, da dieselben Theorien in unterschiedlichen fachlichen Kontexten zur Anwendung kommen. Kontexte, die ansonsten nicht viel miteinander zu tun haben, können so – auf der Metaebene – miteinander in Dialog treten.

Kühne: Ja, das können wir auch an diesem Buch sehen. Ansgar Thiel befasst sich in seinem Forschungsgebiet hauptsächlich mit der gesellschaftlichen Dimension von Sport und Gesundheit und ich mit der von Räumen. Auf der Sachebene sind die Schnittmengen nicht besonders groß, außer etwa, dass Sport auch immer in räumlichem Kontext stattfindet.

Thiel: Aber wir sind beide der Meinung, dass Theorien das ‚Zentrum' der Forschung darstellen. Die ‚Realität', die ein~e Forscher~in untersucht, wird durch Theorie repräsentiert. Die wissenschaftliche ‚Realität' ist eine soziale Konstruktion, kein Wissen ist absolut sicher. Wenn wir uns nun auf theoretischer Ebene austauschen, dann stellen wir schnell fest, dass Theorien in beiden Gegenstandsbereichen die Funktion haben, Situationen zu beschreiben, zu erklären und vorherzusagen.

1 Vorgespräch

Kühne: In der anderen Richtung können wir die Ergebnisse – auf der Ebene der Theorien – wiederum miteinander in Beziehung setzen, obwohl sie aus unterschiedlichen Gegenstandsbereichen kommen.

Danke für die engagierte Verteidigung der Theorie, das scheint Ihnen ein besonderes Anliegen zu sein. Sie haben sich entschlossen, ein Buch über soziale Konflikte zu veröffentlichen. Braucht man das heute noch? Hat nicht Niklas Luhmann vor vielen Jahren ungefähr gesagt, die Konfliktsoziologie sei im Grunde an einem Ende angekommen und nur noch selbstbezüglich?

Thiel: Ich denke, er hat eigentlich nicht gemeint, dass die Konflikttheorie nicht notwendig sei, sondern dass sie selbst zu sehr in Konflikt mit anderen theoretischen Bemühungen geraten sei und sich dadurch selbst im Weg gestanden habe. Deshalb schlägt er in seinem Buch ‚Soziale Systeme' einen Neubeginn vor, und zwar auf der Basis von Systemtheorie (Luhmann, 1984).

Kühne: Ansgar Thiel und ich teilen die Ansicht, dass Konflikttheorie gerade heute Bestandteil jedes sozialwissenschaftlichen Studiums sein sollte. Obwohl es eine riesige Menge an Literatur zu Konflikten gibt, wird in vielen sozialwissenschaftlichen Fächern wenig darauf geachtet, ein theoretisches Hintergrundwissen zur Genese und zum Verlauf von sozialen Konflikten zu vermitteln, auch manchmal sogar dann, wenn Konfliktmanagement ein Teil des Lehrplans ist.

Thiel: Eben auch, weil wir in einer globalisierten Gesellschaft leben, in der es vor Großkonflikten nur so wimmelt. Ein Buch, das zu erklären versucht, wie Konflikte entstehen, warum sie sich so hartnäckig festsetzen können und nicht selten katastrophal auswirken können, sei es in Paarbeziehungen, in Organisationen oder sogar zwischen unterschiedlichen Nationen, ist für die Grundlagenausbildung in sozialwissenschaftlichen Fächern vielleicht heute sogar wichtiger denn je. Wir beabsichtigen mit unserem Buch aber auch noch einmal deutlich zu machen, dass Konflikte in der Sozialwissenschaft weder einheitlich definiert werden noch Einigkeit darüber besteht, wie sie zu managen sind. Unser Buch basiert auf einem vergriffenen kleinen Lehrbuch zu sozialen Konflikten (Thiel, 2003), das wir überarbeitet und erheblich erweitert haben. Nicht zuletzt haben wir die beiden ‚Basistheorien' unseres Buches, die von Dahrendorf und Luhmann, differenziert und in Bezug auf das Konfliktthema weiterentwickelt. Eine Grundannahme ist dabei, dass sozialen Konflikten soziale Ursachen zugrunde liegen.

Kühne: Das mit dem Raumbezug von Konflikten muss ich noch weiterführen: Wir haben nicht allein eine große Zahl von Konflikten auf globaler Ebene, sondern auch auf kontinentaler, nationaler, regionaler und lokaler. Eine besondere Aktualität erhält die Erforschung raumbezogener, raumvermittelter und in räumlichen Kontexten sozialen Konflikten durch die Verwebung der räumlichen Maßstabsebenen. So werden Konflikte um den globalen Klimawandel kontinental (etwa um den European Green Deal), national (etwa die Frage der ‚Wärmewende'), regional (wie den Verlauf von Stromtrassen) wie auch lokal (die Standorte von Windkraftanlagen) ausgetragen. Und sie drängen selbst in die Ebene des unmittelbaren Zwischenmenschlichen: Halte ich es für angemessen, dass mein Nachbar einen SUV fährt? Muss ich mein Steak am Wochenende gegen Anmahnungen der Mäßigung verteidigen? Ein anderes Beispiel solcher sozialen Konflikte auf unterschiedlichen räumlichen Maßstabsebenen ist der Umgang mit den räumlichen Persistenzen des Kolonialismus: Sollen Straßen von Personen, die in die Kolonisierung anderer Regionen beteiligt waren umbenannt werden? Auf diese komplexen Verkoppelungen von sozialen Konflikten auf unterschiedlichen räumlichen Maßstabsebenen hat die Theoriebildung zu sozialen Konflikten (vielleicht noch) keine integrierende Antwort.

Was muss ich mir unter einem soziologischen Verständnis von Konflikten vorstellen?
Kühne: In soziologischen Konflikttheorien werden Konflikte in der Regel auf ‚Soziales' zurückgeführt, sind also das Ergebnis sozialer Strukturen und Interaktionen zwischen Personen, Gruppen oder Institutionen. Die Soziologie analysiert beispielsweise, wie soziale Faktoren wie Machtverhältnisse und Ressourcenverteilung zu sozialen Konflikten führen. Ein Beispiel hierfür wäre die Erforschung von ethnischen Konflikten in verschiedenen Gesellschaften, bei denen soziale und politische Faktoren eine wichtige Rolle spielen.

Sie sprechen von ‚in der Regel'. Heißt das, dass soziale Konflikte, wie sie Soziologe X versteht, nicht unbedingt das Gleiche sind wie soziale Konflikte, wie sie Soziologin Y definiert?
Kühne: Das ist eine interessante Frage. Ich denke, das lässt sich gut an den unterschiedlichen Konfliktverständnissen von Ralf Dahrendorf und Niklas Luhmann veranschaulichen, auf die wir in diesem Buch häufig eingehen. Ralf Dahrendorf betont in seinen Arbeiten, dass soziale Konflikte ein unvermeidliches Merkmal jeder Gesellschaft sind. Konflikte sind für ihn vor allem Ausdruck sozialer Ungleichheit und Machtverhältnisse, die jede bekannte Gesellschaft prägen. In seinem Werk ‚Homo Sociologicus' (Dahrendorf, 1958) beschreibt er Konflikte beispielsweise als Auseinandersetzungen um knappe Ressourcen, Macht oder sozialen Status. Gerade in den frühen Arbeiten zum Konflikt ist seine Perspektive – in kritischer Auseinandersetzung mit Karl Marx – stark von der Idee des ‚Klassenkonflikts' geprägt. Ein klassisches Beispiel für Dahrendorfs Ansatz wäre die Arbeiterklasse, die gegen die herrschende Kapitalistenklasse in einem

1 Vorgespräch

kapitalistischen System kämpft. Sein Ziel ist indes nicht – wie bei Marx – eine Revolution, die mit vielen Toten und Verletzten verbunden ist, sondern eine friedliche Regelung von Konflikten. Niklas Luhmann dagegen sagt, dass von Konflikten immer dann gesprochen werden kann, wenn einer Kommunikation widersprochen wird, also wenn ein Widerspruch kommuniziert wird. Aber Luhmann ist eher das Metier von Ansgar Thiel...

Thiel: Indem Niklas Luhmann den Konflikt als einen ‚kommunizierten Widerspruch' definiert, sind für ihn Konflikte zunächst einmal Bagatellereignisse, denn immer, wenn ein Kommunikationsangebot verneint wird, ist ein Konflikt gegeben. Dieses Verständnis weicht grundlegend von dem Dahrendorfs ab, ganz abgesehen davon, dass Luhmann den Konfliktbegriff auf der Basis des seiner Theorie selbstreferentieller Systeme zugrunde liegenden Kommunikationsbegriffs definiert, während Dahrendorfs Konflikttheorie – wie von Olaf Kühne bereits angesprochen – stark von Karl Marx beeinflusst ist.

Kühne: Zumindest in dem Sinne, dass Konflikte als inhärenter Bestandteil kapitalistischer Gesellschaften, in denen Klassenkonflikte zwischen Kapitalistinnen und Kapitalisten einerseits und Arbeiterinnen und Arbeiter andererseits aufgrund der ungleichen Verteilung von Ressourcen und Macht auftreten, verstanden werden. Stellen Sie sich eine Gesellschaft vor, in der es eine massive Einkommensungleichheit gibt. Ein kleiner Prozentsatz der Bevölkerung besitzt den Großteil des Reichtums, während die breite Masse der Menschen mit begrenzten Ressourcen auskommen muss. Hier würde Dahrendorf argumentieren, dass die soziale Ungleichheit und die Machtkonzentration zu Spannungen führen und potenziell zu sozialen Unruhen oder Klassenkämpfen führen könnten.

Thiel: Genau. Für Luhmann dagegen ist ein Konflikt die operative Verselbständigung eines Widerspruchs durch Kommunikation. In diesem Sinne definiert er den Konflikt in abstrakter Weise, und zwar so, dass er auf alle denkbaren Ablehnungen von Kommunikationsangeboten angewandt werden kann, seien sie verbal oder non-verbal, also beim Streit zweier Kinder im Sandkasten bis zur kriegerischen Auseinandersetzung. Der Begriff wird also, wie Luhmann sagt, auf einen präzisen und empirisch fassbaren Kommunikationsvorgang bezogen. Für Luhmann entstehen Konflikte also aus der Natur der Kommunikation selbst. Und sie lassen sich auf unterschiedlichen Ebenen der Gesellschaft finden.

Jetzt haben Sie aber noch nicht das psychologische Verständnis von Konflikten erklärt.

Kühne: Ein psychologisches Verständnis von Konflikten konzentriert sich eher auf individuelle Motivationen und Emotionen, die dann zu Meinungsverschiedenheiten oder Auseinandersetzungen führen. Psycholog~innen beschäftigen sich in diesem Sinne nicht mit den sozialen Ursachen von Konflikten, sondern beispielsweise damit, wie persönliche Erfahrungen, Werte und Emotionen das Verhalten in Konfliktsituationen beeinflussen. Ein Beispiel hierfür wäre die Untersuchung von Konflikten in Familien, bei denen persönliche Spannungen, emotionales Erleben dieser Spannung und das daraus resultierende Verhalten der Familienmitglieder im Mittelpunkt stehen.

Aber ist das nicht die intuitiv am meisten einleuchtende Perspektive? Wenn wir über Konfliktlösung sprechen, dann setzen wir doch auch am Denken und Verhalten der Individuen an, die an Konflikten beteiligt sind, beispielsweise durch Moderation oder Mediation oder gar durch Psychotherapie.

Thiel: So ist es zumindest bei den meisten Ratgeberbüchern zum Konfliktmanagement. Aber auch hier zeigt sich ein Unterschied zur soziologischen Perspektive. Ausgehend von Niklas Luhmann könnte man beispielsweise schlussfolgern, dass sich Konflikte gar nicht lösen, sondern nur managen lassen...

Kühne: ... Dahrendorf wollen wir hier mal nicht vergessen, er spricht in analoger Weise von ‚Konfliktregelung'.

Thiel: Danke für den Hinweis, klar, Dahrendorf argumentiert hier ähnlich, habe ich natürlich nicht vergessen.

Kühne: Jetzt kannst Du wieder mit Luhmann weitermachen...

Thiel: Gerne. Im Luhmannschen Verständnis ist das Verstehen eines Kommunikationsangebots eine Konstruktion von Wirklichkeit. Die kommunizierte Ablehnung eines Kommunikationsangebots und deren operative Verselbständigung bleibt in den individuellen und kollektiven Gedächtnisspeichern der Gesellschaft haften. D. h., auch wenn man sich in einem Streit einigt und alles ist scheinbar wieder gut, dann ist es nicht ungewöhnlich, dass derselbe Streit Jahre später aufgrund irgendeines neuen Streits wieder aufgewärmt wird. In diesem Falle wird dann sogar die Einigung im früheren Streit in der Neubewertung des früher Geschehenen zu etwas Konfliktärem, z. B. indem die Einigung als eine Strategie re-interpretiert wird, die jeweils andere Partei mundtot zu machen, um dann heimlich die jeweils anderen zu schädigen. Das sehen wir in Paarbeziehungen genauso wie in jahrzehntelangen Auseinandersetzungen mit teilweise kriegerischen Mitteln, wie z. B. dem sogenannten Nahost-Konflikt zwischen verschiedenen arabischen Staaten und Israel.

Kühne: In diesem Sinne fordert die Konfliktsoziologie auch, dass es beim Konfliktmanagement oder der Konfliktreglung im Grunde vor allem auf eine nachhaltige Veränderung nicht nur von individuellen Denkstrukturen, sondern von sozialen Strukturen ankommt, beispielsweise durch die Schaffung von Verfahren und deren Einhaltung. Beispielsweise kommt es in der internationalen Diplomatie, die ja Konflikte zwischen Nationen nicht löst, darauf an, Verhandlungen zu führen und belast- und haltbare Abkommen zu erzielen, um Frieden zu erhalten, Wirtschaftsbeziehungen auf Dauer zu stellen oder sich auf gemeinsame Werte zu einigen.

Das heißt, die Konfliktsoziologie kann mit ihren Arbeiten dazu beitragen, eine bessere Welt zu schaffen?
Kühne: So weit würden wir nicht gehen. Die Aufgabe der Soziologie ist es unserem Verständnis nach nicht, nicht die Welt zu verbessern, sondern auf unintendierte Nebenfolgen gesellschaftlichen Wandels hinzuweisen und der Gesellschaft die Möglichkeit zu geben, in Orientierung an den eigenen Systemlogiken (hier bin ich mal bei Luhmann) unter Berücksichtigung von unterschiedlichen möglichen Zukünften (im Plural) Entscheidungen zu treffen. Sobald Soziolog~innen aber zu Advokat~innen werden, wird eine solche Betrachtung schwierig und es schleichen sich – von Forschenden meist unbemerkt – moralische Bewertungen in die wissenschaftliche Analyse ein, was dann fast zwangsläufig zu logischen Fehlern bzw. theoretischen und empirischen Einseitigkeiten führt. So etwas ist dann in der Regel erst hinterher zu bemerken – häufig in Relationierung zu anderen Theorien, womit wir wieder beim Thema der Bedeutung von Theorie sind, mit dem wir das Gespräch begonnen haben.

Thiel: Dazu passt ganz gut eine Stelle aus dem Thriller ‚Upgrade' von Blake Crouch. Crouch lässt seinen Protagonisten über kognitive Bias reflektieren, die langfristig gesehen unerwünschte, manchmal sogar katastrophale Folgen haben. So sei der Mensch unfähig, Geltungsbereiche klar abzuschätzen, könne z. B. schlecht zwischen zweihundert und zwei Millionen Toten unterscheiden. Weiterhin tendiere der Mensch zur hyperbolischen Vernachlässigung langfristiger Entwicklungen, beispielsweise geringere, kurzfristige Belohnungen über größere, langfristige Belohnungen zu stellen oder heute Entscheidungen zu treffen, die unser zukünftiges Ich lieber nicht getroffen hätte. Darüber hinaus sei die Wahrnehmung komplexer Probleme grundsätzlich von einer Affektheuristik geprägt, bei der die aktuellen Emotionen die kritische Entscheidungsfindung beeinflussen. Schließlich orientiere sich der Mensch bei der Entscheidungsfindung an einer Selbstsicherheitsheuristik, bei der das Vertrauen in das eigene Urteilsvermögen viel größer ist als die objektive Richtigkeit des Urteils (Crouch, 2023).

Kühne: Das wird in neueren Arbeiten zur sogenannten ‚affektiven Polarisierung' (Iyengar et al., 2019) sehr differenziert untersucht. Das Phänomen der ‚affektiven Polarisierung' erklärt beispielsweise, warum Anhänger~innen unterschiedlicher Parteien, die zu einem bestimmten Thema eigentlich der gleichen

Meinung sind, mit voller Überzeugung behaupten, die Anhänger~innen der jeweils anderen Partei hätten Ansichten, die den eigenen diametral entgegenstehen würden. Dieser Polarisierung liegen starke positive Gefühle gegenüber der eigenen politischen Gruppe (In-Group) und starke negative Gefühle gegenüber anderen politischen Gruppen (Out-Group) zugrunde.

Thiel: Das kann so weit gehen, dass die jeweils andere Partei, sogar wenn sie im Grunde vergleichbare Werte verfolgt, nicht nur als politischer Gegner, sondern teilweise sogar als Feind, der die Werte und Prinzipien der eigenen Partei bedroht, angesehen wird. Solche Phänomene einer kollektiven affektiven Polarisierung werden in heutiger Zeit durch soziale Medien verstärkt. Viele Algorithmen, welche die Weitergabe von Mitteilungen in sozialen Medien steuern, sind darauf angelegt, den Nutzer~innen Inhalte zu zeigen, die ihren bisherigen Ansichten und Interessen entsprechen.

Kühne: Genau, die sogenannten ‚Filterblasen' oder ‚Echokammern' sind Resultate einer durch Algorithmen sozialer Medien gesteuerten, kollektiven affektiven Polarisierung. Hier interagieren Menschen hauptsächlich mit Gleichgesinnten und erhalten entsprechend auch nur Mitteilungen, die ihre bestehenden Überzeugungen stützen. Die Nutzer~innen fühlen sich emotional bestärkt, wenn ihre Ansichten durch ihre sozialen Medien bestätigt werden und entwickeln gleichzeitig negative Emotionen gegenüber abweichenden Meinungen. Und dies prägt wiederum in der Folge ihre Wahrnehmung.

Thiel: Luc Ciompi, den wir in unserem Buch mehrfach zitieren, hat in seinem Buch *‚Die emotionalen Grundlagen des Denkens. Entwurf einer fraktalen Affektlogik'* sehr anschaulich beschrieben, dass Emotionen aufgrund ihrer Filter- und Steuerungswirkungen sämtliche kognitive Leistungen beeinflussen. Dies gilt eben auch für die scheinbar rationale ‚Alltagslogik'.

Die Person sieht also nur das, was ihre Emotionen ihr zu sehen erlauben?
Thiel: Ja, deshalb sind Echokammern, wie sie Olaf Kühne beschrieben hat, so gefährlich für die Demokratie. Im Grunde führt das Fehlen kommunizierter Widersprüche in diesen Echokammern zu einer Verstärkung der affektiven Bindung der betreffenden Menschen zu bestimmten Ideen oder politischen Gruppen, denn sie müssen sich gar nicht mit mehr anderen Gruppen auseinandersetzen, von denen sie annehmen, dass diese eine andere Meinung haben. Komplexe Sachverhalte werden durch affektive Polarisierung zu binären ‚Schwarz-Weiß-Konstruktionen', die keine Graustufen oder Nuancen, sondern nur einfache, polarisierte Narrative zulassen. Und diese kollektiven Narrative sind ultrastabil, da sie ja nicht mehr durch kontroverse Diskurse infrage gestellt werden.

Kühne: Und das ist genau das, was Konflikte, die eskalieren, zusammenhält. Der damit einhergehende hohe Grad an Moralisierung führt zur Abwertung der anderen Konfliktgruppe, was wiederum ein Management oder eine Regelung von Konflikten erschwert.

Ich bin sehr gespannt auf die Lektüre!

Literatur

Crouch, B. (2023). *Upgrade* (Gekürzte Lesung, gekürzte Ausgabe). der Hörverlag.
Dahrendorf, R. (1958). Homo Sociologicus. Ein Versuch zur Geschichte, Bedeutung und Kritik der Kategorie der sozialen Rolle. *Kölner Zeitschrift für Soziologie und Sozialpsychologie, 10*(2;3), 178–208; 345–378.
Iyengar, S., Lelkes, Y., Levendusky, M., Malhotra, N., & Westwood, S. J. (2019). The origins and consequences of affective polarization in the United States. *Annual Review of Political Science, 22*(1), 129–146. https://doi.org/10.1146/annurev-polisci-051117-073034
Luhmann, N. (1984). *Soziale Systeme. Grundriß einer allgemeinen Theorie*. Suhrkamp.
Thiel, A. (2003). *Soziale Konflikte*. Transcript.

Einleitung 2

Zusammenfassung

Die Einleitung bietet einen Überblick über zentrale Fragen und Ziele des Buches. Konflikte sind allgegenwärtig und vielseitig. Ihre Reichweite ist groß, von internationalen Kriegen bis zu persönlichen Auseinandersetzungen. Mit dem Buch zielen wir darauf ab, sich vertieft mit soziologischen Konflikttheorien auseinanderzusetzen. Fokussiert ist es auf die konflikttheoretischen Ansätze von Ralf Dahrendorf und Niklas Luhmann, die gegensätzliche Perspektiven auf soziale Konflikte aufweisen: Dahrendorf betont die Rolle von Akteuren und sozialen Situationen, dagegen vertritt Luhmann eine systemtheoretische Perspektive. Mit dem Buch soll gezeigt werden, wie ein theoretischer Zugriff dabei helfen kann, gesellschaftliche Konflikte zu verstehen und zu einem produktiven Umgang mit Konflikten beizutragen.

Schlüsselwörter

Konfliktbegriff · Soziale Konflikte · Konflikten · Ralf Dahrendorf · Niklas Luhmann · Theoriebildung

Nachdem wir uns in dem einführenden Gespräch überblicksartig mit zentralen Fragen dieses Buches befasst haben, wenden wir uns nun der detaillierteren Befassung mit den Theorien sozialer Konflikte zu. Konflikte begleiten uns in unserem Leben, wenngleich eine genaue Begriffsbestimmung schwerfällt. Bereits die Lektüre von Zeitungen eröffnet uns eine Vielzahl an Eindrücken, was alles unter ‚Konflikt' gefasst werden kann. So ist der Konfliktbegriff in Bezug auf Auseinandersetzungen zwischen Nationen, Regionen oder Ethnien in Form von

Kriegen, Verhandlungen oder militärischer Abschreckung mit einer oft jahrzehntelangen Dauer verbunden. Von Konflikten wird aber auch gesprochen, wenn es um Auseinandersetzungen zwischen Personengruppen geht, wenn sich z. B. Arbeitgeber und Gewerkschaften bei Tarifverhandlungen um den jeweils als besser erachteten Abschluss streiten oder wenn im Zuge der ‚sozialökologischen Transformation' gegen den Ausbau regenerativer Energien protestiert wird. Weiterhin werden als Konflikte die oft nur Sekunden lang andauernden Streitigkeiten in Zweier-Beziehungen bezeichnet, wie sie z. B. zwischen Ehepartner~innen, Freund~innen oder Kolleg~innen stattfinden. Und nicht selten wird sogar von Konflikten gesprochen, die als Rollenkonflikt innerhalb eines einzelnen Individuums ablaufen. Beim sogenannten Interrollenkonflikt geraten dabei die Anforderungen zweier unterschiedlicher Rollen, die ein Individuum ausfüllen muss, miteinander in Konflikt, etwa die Anforderung, sich als Elternteil mit seinem Kind zu befassen versus einen fälligen Projektbericht zu bearbeiten. Beim Intrarollenkonflikt entsteht der Konflikt innerhalb einer Rolle (etwa von Studierenden, sich auf die Sozialtheorieklausur vorzubereiten oder Literatur für die Hausarbeit im Kontextfach zu recherchieren).

Aus dieser Auflistung wird deutlich, wie weit gefasst der Konfliktbegriff in der praktischen und wissenschaftlichen Verwendung ist: So variieren zum ersten die Inhalte von Konflikten erheblich. Dies betrifft zum zweiten auch die Anzahl der an den jeweiligen Konflikten beteiligten Personen, die von einer Person bis hin zu Millionen, im Extremfall sogar bis hin zu Milliarden reichen kann. Zum dritten ist auch die räumliche Dimension sehr variabel, von der Lokalisierung in einer Person, über die lokale, die regionale, die nationale, die kontinentale bis hin zur globalen Ebene. Zum vierten reichen Konflikte vom inneren Diskurs mit sich selbst bis hin zu global ausgetragenen Kriegen (hier verstanden als Sonderformen der blutigen und systematischen Austragung eines Konfliktes). Auch unterscheiden sich soziale Konflikte nach ihrer Dauer. Trotz dieser unterschiedlichen Erscheinungsformen weisen die genannten Konflikte auch Gemeinsamkeiten auf, wie z. B. die Prinzipien ihrer Entstehung oder ihren typischen Ablauf, was wir an späterer Stelle genauer erläutern werden.

Zu Konflikten lassen sich die unterschiedlichsten Zugänge finden: Die Psychologie fragt u. a. nach den individuellen Motiven, die Personen bewegen, sich an Konflikten zu beteiligen, die Medizin z. B. nach den genetischen oder biochemischen Gründen für das aggressive Verhalten eines Individuums; die Soziologie fragt auch nach Ursachen von Konflikten, die über die Charakteristika oder das Interesse einzelner Personen hinausweisen. Letzteres kennzeichnet die Perspektive des vorliegenden Bandes. Fokussiert werden dabei ‚soziale Konflikte', d. h.

Konflikte, die in der Interaktion unterschiedlicher Akteure auftreten; erörtert wird die Erklärung von solchen Konflikten durch soziologische Konflikttheorie.

Mit dem vorliegenden Buch verfolgen wir drei Ziele: Erstens regen wir zu einer Auseinandersetzung mit etablierten soziologischen Erklärungen zum Konflikt an. Zweitens wollen wir verdeutlichen, dass unterschiedliche Theorien auf bestimmte soziale Kontexte ausgerichtet sind, sie also einen bestimmten Fokus auf ein komplexes Phänomen haben. Dies zeigt wiederum, dass die Wahl einer Theorie von konkreten Fragestellungen abhängig ist. Drittens ist es unser Ziel zu verdeutlichen, dass mit Hilfe von Theorie, hier Konflikttheorie, durchaus konkrete Probleme in der Gesellschaft nachvollzogen werden können, gegebenenfalls sogar zur Problemlösung beigetragen werden kann. Unser Buch bietet also einen Überblick über zentrale Theorien zu sozialen Konflikten sowie einen Einblick in die Möglichkeit, mithilfe von Konflikttheorien praktische Konflikte zu verstehen. Infolge dieses Anspruchs bietet es keine ausführliche Abhandlung über das weite Feld der Konflikttheorien, wer sich hier einen weiteren Überblick verschaffen möchte, sei an spezifische Werke verwiesen (etwa: Bonacker, 2008; Joseph, 2003).

Unser Buch ist auf zwei Klassiker der Theoriebildung zu sozialen Konflikten fokussiert: Ralf Dahrendorf und Niklas Luhmann. Dies hat vier Gründe: Erstens handelt es sich um zwei Theoretiker, die (insbesondere den deutschsprachigen) Diskurs um soziale Konflikte stark geprägt haben – um die also Personen nicht umhinkommen, wenn sie sich mit Theorien sozialer Konflikte befassen. Zweitens bilden Dahrendorf und Luhmann zwei nahezu polar gegenübergestellte Positionen im Spektrum der Theoriebildung zu sozialen Konflikten: Dahrendorf ist akteurszentriert und mesosoziologisch ausgerichtet und formuliert eine Theorie, die sich mit Konflikten in bestimmten sozialen Situationen befasst, Luhmann hingegen ist systemzentriert, makrosoziologisch ausgerichtet und seine Konflikttheorie stellt eine Ableitung aus seiner ‚großen Theorie', der autopoietischen Systemtheorie, dar. Drittens haben beide Theorien ein großes Potenzial, die Mechanismen der Entstehung und des Verlaufs gesellschaftlicher Konflikte der Gegenwart zu beschreiben. Viertens sind beide Theorien für Anpassungen und Weiterentwicklungen offen, sie können also mit gesellschaftlichen Veränderungen ‚mitwachsen'. Dieser Aufgabe der Weiterentwicklung und Anpassung an aktuelle gesellschaftliche Entwicklungen wollen wir uns in diesem Buch stellen.

Unser Buch gliedert sich – neben dem einleitenden Gespräch, dieser Einleitung sowie dem finalen Ausblick – in sechs Hauptkapitel: Zunächst werden wir uns mit grundlegenden Theoriepositionen befassen. Hier (Kap. 3) setzen wir uns auch mit ‚Klassikern' der Theorie sozialer Konflikte auseinander. Im darauffolgenden Kap. 4 setzen wir uns mit theoretischen Zugängen zum Ablauf von

Konflikten sowie zu den Möglichkeiten des Umgangs mit Konflikten auseinander. Im Anschluss daran (Kap. 5) widmen wir uns speziellen Fragen, die wir an die Konflikttheorien unserer beiden Protagonisten, Dahrendorf und Luhmann, herantragen zu. Hierbei werden auch Entwicklungsbedarfe der beiden Theorien deutlich. Dieser Bedarfe nehmen wir uns in dem Kapitel an und differenzieren die Theorien aus. Auch im Rückgriff auf diese Ausdifferenzierung befassen wir uns in Kap. 6 mit der Frage der Regelung bzw. Deeskalation von sozialen Konflikten. Daran anschließend stellen wir ein Fallbeispiel vor, das sich mit einem Thema befasst, dass in den letzten Jahren eine große gesellschaftliche Bedeutung, nicht nur in Deutschland, gewonnen hat: Konflikte um die Energiewende (Kap. 8).

Literatur

Bonacker, T. (2008). Sozialwissenschaftliche Konflikttheorien – Einleitung und Überblick. In T. Bonacker (Hrsg.), *Sozialwissenschaftliche Konflikttheorien. Eine Einführung* (4. Aufl., S. 9–29). VS Verlag.
Joseph, J. (2003). *Social Theory. Conflict, Cohesion and Consent*. Edinburgh University Press.

Grundlegende Theoriepositionen 3

Zusammenfassung

In diesem Kapitel werden verschiedene grundlegende Überlegungen zur Konflikttheorie behandelt. Dabei werden Bedeutung und Nutzen theoretischer Perspektiven im Allgemeinen und auf soziale Konflikte im Besonderen thematisiert. Theorie wird dabei als notwendige Abstraktion gefasst. Sie entsteht durch Induktion, Deduktion und Abduktion. Weiterhin wird begründet, mit welchen ‚klassischen' Konflikttheorien wir uns intensiver auseinandersetzen; es wird aber auch darauf eingegangen, wie sehr einflussreiche Theoretiker, denen wir im Buch nur am Rande Aufmerksamkeit widmen, wie beispielsweise Karl Marx, Georg Simmel, Emile Durkheim oder Max Weber, sich in unterschiedlicher Weise dem Thema ‚soziale Konflikte' genähert haben, etwa aus mikro-, meso- oder makrosozialer Perspektive oder mit Bezug auf die Funktionalität sozialer Konflikte für die Gesellschaft.

Keywords

Konflikttheorie • Abstraktion • Induktion • Deduktion • Abduktion • Max Weber • Karl Marx

Dieses Kapitel hat die Aufgabe, grundlegende Überlegungen zu Konflikttheorien vorzustellen. Der Nutzen einer theoretischen Perspektive von Welt im Allgemeinen und Konflikt im Besonderen wird durchaus in Zweifel gezogen, weshalb wir dieses Kapitel als einen ersten Teil des Buchs positionieren. Die Vorstellung von Theorien zu sozialen Konflikten dient aber auch dazu, eine Basis für die Erweiterung der Ansätze von Ralf Dahrendorf und Niklas Luhmann ab Kap. 5 des Buchs schaffen.

3.1 Warum Theorie?

Für Personen, die dieses Buch lesen, mag die Befassung mit Theorie selbstverständlich sein, für andere ein Quell der Inspiration, für wieder andere ein lästiges Ärgernis. Um sich den Wert von Theorie zu vergegenwärtigen, ist es notwendig, einen Schritt zurückzutreten, meta-theoretisch über die Funktion von Theorie nachzudenken.

Theorie entsteht in der Regel durch Abstraktion von empirischen Ergebnissen (Induktion), durch eine abstrakte Formulierung von Zusammenhängen, die dann empirisch überprüft wird (Deduktion) oder aber durch Beobachtung der Welt zur Formulierung einer Regel über bis dato Unbekanntes, die dazu dienen kann, ein Ereignis zu prognostizieren, dessen Eintritt wiederum zur Prüfung der Hypothese herangezogen werden kann (Abduktion). Unterschiedliche Theorien weisen unterschiedliche Abstraktionsgrade und raumzeitliche Gültigkeitsansprüche auf. Im Vortheoretischen bewegen wir uns noch, wenn bestimmte empirische Regelmäßigkeiten beschrieben werden. Ad-hoc-Theorien sind etwas abstrakter und beziehen sich auf eine Synthese von (empirischen) Ergebnissen, ohne dass daraus übergeordnete Regelmäßigkeiten abgeleitet würden. ‚Theorien mittlerer Reichweite' (Merton, 1957 [1949]) beziehen sich auf sozial bzw. räumlich abgrenzbare Bereiche der Welt. Während ‚komplexe Theorien' oder ‚große Theorien' ein hohes Abstraktionsniveau erreichen und prinzipielle gesellschaftliche Zusammenhänge aufzeigen wollen. In unserem Buch befassen wir uns insbesondere mit ‚Theorien mittlerer Reichweite', wie der Konflikttheorie Ralf Dahrendorfs, reichen aber auch mit der Auseinandersetzung mit der Systemtheorie von Niklas Luhmann in den Bereich der ‚großen Theorien' hinein.

Kommen wir nun zur Frage, warum die theoretische Befassung mit einem Gegenstand, hier mit Konflikten, sinnvoll erscheint. Mit Berger und Luckmann (1966) erachten wir wissenschaftliche Wahrnehmungs- und Erkenntnisprozesse als das Ergebnis eines komplexen Interaktionsprozesses zwischen Beobachter und Welt. Dabei spielt Theorie eine zentrale Rolle. Karl Popper zufolge ist Theorie das Netz, das Forscher~innen auswerfen, um die Welt zu erfassen, sie zu rationalisieren, zu erklären und zu kontrollieren (Popper, 1935, S. 31). Soziologische Theorien fungieren sozusagen als ‚Instrumente' zur Beobachtung, Beschreibung und Erklärung einer (an sich kontingenten) sozialen Wirklichkeit (Thiel et al., 2018). Die Beobachtung geschieht, wie es Bette und Schimank (2006, S. 21) ausdrücken, mit unterschiedlichen Zielen, Blenden und Lichtstärken.

Wir gehen davon aus, dass Theorien das Zentrum von (Sozial-)Wissenschaft darstellen, also sowohl Ausgangspunkt als auch Bezugspunkt der soziologischen

3.1 Warum Theorie?

Forschung sind, allerdings nichts anderes sind als soziale Konstruktionen, welche symbolisch die ‚Realität' darstellen, die ein~e Forscher~in untersucht, und bestimmen, was ein~e Forscher~in empirisch sehen kann (Thiel et al., 2018). In diesem Sinne kann empirische Forschung auch keine absolute Wirklichkeit enthüllen (vgl. Luhmann, 1997, S. 41); vielmehr stimuliert sie Theorieentwicklung, indem empirischen Befunden theoretische Bedeutung gegeben wird und *vice versa* (vgl. Thiel et al., 2018). Für die theoretische Auseinandersetzung mit sozialen Konflikten gehen wir von folgenden Grundannahmen aus (Kühne, 2019; allgemeiner: Kühne, 2024; Kühne & Berr, 2021; Poser, 2012; Tetens, 2013; Thiel et al., 2023):

1. Wie bereits in der Einleitung deutlich wurde, gibt es eine Vielzahl von Einzelfällen, hier einzelnen Konflikten, die etwa in Intensität, Brutalität und räumlichem Umfang sehr unterschiedlich angelegt sind. Insofern bietet eine abstrakte theoretische Auseinandersetzung mit Erscheinungsbildern und generativen Mechanismen von Konflikten – ganz praktisch – eine Orientierung.
2. Theorie hat zudem eine ordnende Funktion. Durch die Zuordnung zu unterschiedlichen theoretischen Grundlagen können die unterschiedlichsten Forschungen zum Thema Konflikt verglichen werden – über einen einfachen Vergleich von Methoden, deren Umsetzung und den Ergebnissen hinaus.
3. Theorie hat eine Funktion der Kontingenzvergegenwärtigung. Eine eigene Beschreibung von Wirklichkeit als Theorie zu klassifizieren, verdeutlicht, dass der eigene Zugang zu Konflikt nicht der einzig notwendige ist, dass es vielmehr noch andere mögliche Zugänge gibt. Sie verdeutlicht die Vielzahl der Möglichkeiten, sich mit einem Thema zu befassen.
4. Theorie hat die Funktion der Bewusstmachung von Kontext. Theorie zeigt, wie unterschiedliche Ansätze miteinander in Beziehung stehen, voneinander abweichen, sich voneinander abgrenzen und aufeinander aufbauen, aber auch wie sie sich komplementär zueinander verhalten können (sprich: unterschiedliche, einander ergänzende Ergebnisse erzielen).
5. Theorie ist in der Lage, die interdisziplinäre Anschlussfähigkeit der Forschungen zu einem Gegenstand zu stärken. Dies betrifft etwa die Verwendung von Theorien in unterschiedlichen fachlichen Kontexten, den Vergleich fachspezifischer Theorien, die methodologische Operationalisierung von Theorien in unterschiedlichen fachlichen Kontexten.
6. Theorie hat (insbesondere in deduktiv, aber auch abduktiv angelegter Forschung) eine die Empirie leitende Funktion. So wird empirische Forschung aus theoretischen Überlegungen abgeleitet und empirische Forschung prüft

einerseits die Tauglichkeit von Theorien, andererseits auch deren Verallgemeinerbarkeit.
7. Theorie stellt eine reflexive Basis dar, sich mit der sozialen Herstellung von Welt zu befassen, etwa der Konstituierung des Normalen in seiner Abgrenzung zum Nicht-Normalen.
8. Theorie wirkt im Hinblick auf die Beschreibung und Erklärung von Konflikten erkenntnisleitend. Dabei ist zu bedenken, dass Theorien in unterschiedlichen Weltverständnissen fußen (etwa progressiv vs. konservativ), sodass eine metatheoretische Reflexion hilft, Unterschiede und Gemeinsamkeiten in (Konflikt-) Theorien offenzulegen.
9. Theorie kann dazu beitragen, Konflikte zu regeln. So ermöglicht es die theoretische Befassung mit Konflikten etwa, typische Ausgangslagen und Verlaufsmuster zu erfassen, insofern auch Möglichkeiten vorzuschlagen, an welcher Stelle Konflikte wie ‚gemanagt' werden können, um sie sozial produktiv werden zu lassen.

Außerdem kann, und das ist kein Punkt, der sich in die oben neun genannten ‚seriösen' einreiht, die Befassung mit Theorien sehr viel Freude bereiten, schließlich bedeutet die Kenntnis von Theorien, einen Überblick genießen.

3.2 Auswahl der behandelten Theorien

Bei einer Auseinandersetzung mit grundlegenden soziologischen Theoriepositionen in der Konfliktforschung ist – angesichts des in der Einleitung dargestellten Anspruchs unseres Buches – eine Selektion der besprochenen Arbeiten unumgänglich. Eine Besprechung des Forschungsstandes der gesamten soziologischen (und verwandten) Konfliktliteratur würde angesichts der unglaublichen Fülle an Veröffentlichungen den Rahmen des vorliegenden (zwangsläufig im Umfang limitierten) Einführungsbuches einerseits sprengen und andererseits einen Detaillierungsgrad erreichen, der den Blick auf das Charakteristische eher verstellen würde. Entsprechend erfolgt eine Reduktion der dargestellten Ansätze und eine Beschränkung auf wenige ausgewählte Arbeiten, die nicht nur prägend für den heutigen Stand der Konflikttheorie waren, sondern, worauf an den jeweiligen Stellen hingewiesen wird, auch stellvertretend für eine ganze Reihe nicht genauer dargestellter Arbeiten stehen.

Die ausgewählten Ansätze behandeln folgende Positionen:

3.2 Auswahl der behandelten Theorien

- *Die Erklärung des Konflikts als Struktureffekt.* Diese Position wird im Folgenden vor allem am Beispiel der Konflikttheorie von Ralf Dahrendorf diskutiert. Dahrendorfs Überlegungen zum Konflikt werden dabei deshalb als ein geeignetes Beispiel erachtet, weil er zum einen die zu seiner Zeit wohl ausgefeilteste Theorie zu sozialen Konflikten entwickelte. Zum anderen hat er die konfliktsoziologische Diskussion im Allgemeinen entscheidend beeinflusst.
- *Die Diskussion um Funktionalität vs. Dysfunktionalität von Konflikten.* Stellvertretend befassen wir uns hier mit dem Ansatz von Lewis A. Coser. Cosers Theorie prägte in der Folgezeit in der deutschsprachigen Diskussion eine ganze Reihe von empirischen soziologischen Studien zum Auftreten sozialer Konflikte – wie u. a. Arbeiten aus der Forschungsgruppe Wilhelm Heitmeyers (u. a. 1996; Bielefeldt & Heitmeyer, 2000) – und ist – insbesondere in der englischsprachigen Diskussion – auch heute noch sehr einflussreich (siehe z. B. Garcia & Martinez, 2022; Jones & Brown, 2019; Lee & Kim, 2021; Smith, 2020).
- Obwohl nicht genuin der soziologischen Disziplin zuzuordnen, ist angesichts ihrer Bedeutung für die konflikttheoretische Literatur weiterhin *die Analyse des Konflikts als Spiel* zu behandeln. Ihre Stärke liegt vor allem darin, dass sie sehr eindrücklich und nachvollziehbar die Rationalität und Eigendynamik konfligierenden Handelns zu erklären vermag.
- Einen wichtigen Beitrag für ein besseres Verstehen von Konflikten leisten *Analysen des Konflikts als eines eskalativen sozialen Prozesses.* Der Prozess der Eskalation wird in den meisten soziologischen Arbeiten nur am Rande erörtert, weshalb es sich lohnt, Arbeiten, die sich explizit mit diesem Sachverhalt auseinandersetzen, näher zu betrachten. Exemplarisch wird dabei der eskalationstheoretische Ansatz Friedrich Glasls herausgegriffen, dessen Arbeit national und international weit über die Grenzen wissenschaftlicher Auseinandersetzung hinaus wahrgenommen wird und bis heute einen sehr starken Einfluss insbesondere auf anwendungsorientierte Arbeiten zum Konfliktmanagement hat.
- Die Auseinandersetzung mit grundlegenden Positionen der Konflikttheorie wird *mit einer Reflexion des Konflikts als eines sozialen Systems* abgeschlossen, wobei beispielhaft auf die Überlegungen von Niklas Luhmann zum Konflikt eingegangen wird. Luhmanns Definition des Konflikts bedeutete im Grunde einen radikalen Bruch mit den Paradigmen vorangegangener soziologischer Arbeiten zur Konflikttheorie, wurde aber – über die Soziologie hinaus – kaum wahrgenommen. Die Auseinandersetzung mit seiner Position wird auch den zweiten Teil des Beitrags entscheidend prägen.

Die Ausrichtung auf die genannten theoretischen Ansätze bedeutet, andere Theorien nicht oder nur reduziert darzustellen.

Die soziologischen Klassiker, wie z. B. Karl Marx, Georg Simmel, Max Weber, Ferdinand Tönnies, Norbert Elias oder Talcott Parsons, werden allenfalls kurz angesprochen, da deren Beiträge zu einer Erklärung sozialer Konflikte zum einen in Dahrendorfs und Cosers Arbeiten einflossen, zum anderen stand eine Erklärung des sozialen Konflikts auch nicht direkt im Mittelpunkt ihrer Analysen[1], soziale Konflikte wurden vielmehr umgekehrt zu Erklärung von sozialem Wandel herangezogen. Auch thematisieren wir den Ansatz von Pierre Bourdieu, der Konflikte in den Kontext der Relation von Individuum und Gesellschaft stellt.

Nicht in die Literaturanalyse einbezogen werden weiterhin die mit sehr großer Aufmerksamkeit bedachten Arbeiten von Wilhelm Heitmeyer zur Integration/Desintegration (vgl. u. a. 1996). In diesen Arbeiten liegt der Fokus nicht auf einer theoretischen Erklärung von Konflikten, sondern vielmehr in einer Erklärung von empirischen Befunden zu Desintegrationsdynamiken im Rahmen ethnisch-kultureller Differenzen (z. B. bei Bielefeldt & Heitmeyer, 2000 im Zusammenhang mit Konflikten um Moscheebau und Muezzinruf).

Nicht berücksichtigt werden außerdem Arbeiten, die Konflikte auf der Basis einer deskriptiven Unterscheidung in intrapersonelle (innerhalb des Individuums), interindividuelle (zwischen Individuen), intraorganisationale (zwischen organisationsinternen Personengruppen), interorganisationale (zwischen Repräsentanten von Organisationen) sowie internationale Konflikte (zwischen Völker und Staaten) behandeln (vgl. u. a. Jeschke, 1993, S. 10), ebenso wenig wie Arbeiten, in welchen Konflikte nach Ebenen unterschieden werden (z. B. Sozialebene, Sachebene) auf denen ein Konflikt ablaufen kann (vgl. u. a. Brommer, 1994, 19–20). Gerade für die Konfliktmanagementpraxis sind Ansätze, die beispielsweise zwischen Sach-, Wert- Identitäts- und Verfahrenskonflikten unterscheiden, sehr relevant. Allerdings steht hier eher die Deskription von Konfliktgegenständen im Mittelpunkt, weniger die theoretische Erklärung der Entstehung und des Verlaufs von Konflikten, weshalb wir auf entsprechende Differenzierungen nur am Rande eingehen. Darüber hinaus überlappen Konfliktthemen in komplexen konfliktären Geschehen häufig, stellen sich je nach Perspektive der Beteiligten unterschiedlich dar oder ändern sich im Verlauf des Konflikts. Auf Arbeiten, die sich vorrangig dem Thema Management von Konflikten (z. B. definiert als nach Aggregationsniveau unterschiedenen Interessengegensätze verschiedener Akteure;

---

[1] Ein solcher Anspruch ließe sich allenfalls in den Arbeiten Simmels beobachten, der eine differenzierte Erklärung des Streites liefert.

3.2 Auswahl der behandelten Theorien

vgl. u. a. Schwarz, 1990) widmen, gehen wir nur in Zusammenhang mit Fragen zur Deeskalation von Konflikten ein.

Im Folgenden nicht berücksichtigt werden schließlich auch die viel beachteten und angesehenen Analysen von Galtung (1971, 1975) zu Konflikt und Gewalt. Johan Galtung kommt eine unbestreitbar große Bedeutung als Friedensforscher zu. Er gründete 1959 das Internationale Friedensforschungsinstitut in Oslo und rief außerdem die Organisation ‚Transcend' ins Leben, die sich der Konfliktlösung mit friedlichen Methoden verschrieben hat. Galtung kennzeichnet den Konflikt in seinen Arbeiten als eine wahrgenommene Unvereinbarkeit der Interessen zweier Parteien (1975). Seine konflikttheoretischen Studien könnten grundsätzlich auch in Zusammenhang mit der Theorieposition ‚Konflikt als Struktureffekt' behandelt werden. Allerdings widmet er – mehr als dies in den meisten anderen konflikttheoretischen Arbeiten der Fall ist – der Bedeutung von Gewalt im Rahmen von Konflikten große analytische Aufmerksamkeit. Nach Galtung ist Gewalt einerseits dann manifest, wenn eine klare Subjekt-Objekt-Beziehung vorliegt, denn hier ist sie als Aktion sichtbar und Personen zuordenbar, die aktiv Gewalt ausüben. Für Konflikte ebenso bedeutsam ist nach Galtung andererseits aber auch eine strukturelle Gewalt, also eine Gewalt ohne Akteure (Galtung, 1975). Dafür liefert er viele Beispiele, z. B. die Unterdrückung von Frauen als soziale Norm einer Gesellschaft. Johan Galtungs Arbeiten sind äußerst lesenswert. Für unsere Auseinandersetzung mit konflikttheoretischen Arbeiten haben wir uns entschieden, Begriffe wie ‚manifeste und latente Konflikte' oder ‚strukturelle Konflikte', die sich auch bei Galtung finden, am Beispiel der Dahrendorfschen Arbeiten zu diskutieren, da diese die konfliktsoziologische Diskussion noch stärker beeinflusst haben als Galtungs Arbeiten, deren hauptsächliches (im Grunde normatives) Erkenntnisinteresse darin liegt, Ansätze zu liefern, die eine Transformation von Konflikten als einem gewaltsamen und potentiell gefährlichem Geschehen in nicht-gewaltsame, friedensfördernde sowie den sozialen Wandel herausfordernde soziale Phänomene ermöglichen.

Die Auswahl der im Folgenden behandelten Arbeiten ist also, so lässt sich festhalten, selektiv. Nichtsdestotrotz vermag sie aber ein breites Bild des gegenwärtigen Forschungsstandes in der Theorie sozialer Konflikte – zumindest wie er für den vorliegenden Beitrag von Relevanz ist – zu zeichnen.

Bevor wir uns zentralen Arbeiten zur Theorie sozialer Konflikte zuwenden, richten wir einen kurzen Blick auf ‚Klassiker' der Soziologie und deren Befassung mit sozialen Konflikten. Auch wenn diese Arbeiten nicht im Zentrum der Überlegungen standen, finden sich hier doch einige Aspekte, die einerseits für die Konfliktforschung relevant sind, andererseits von den von uns näher betrachteten Konflikttheoretikern zustimmend oder ablehnend aufgegriffen wurden.

3.3 Klassiker zur Theoriebildung zu sozialen Konflikten

Bei den ‚soziologischen Klassikern' finden sich viele für spätere Arbeiten relevante Auseinandersetzungen zu den Funktionen des sozialen Konflikts auf unterschiedlichen gesellschaftlichen Ebenen:

- Karl Marx und Friedrich Engels sahen – makrosoziologisch – Konflikte als Auslöser für Revolutionen. In diesen Revolutionen erfolgt der Wechsel zu einer neuen Gesellschaftsform, etwa von der Feudalgesellschaft zur kapitalistischen Gesellschaft. Nur durch Revolutionen kann die konfliktfreie finale Gesellschaft, die kommunistische, erreicht werden. In der Auffassung Karl Marx und Friedrich Engels kommt sozialen Konflikten die zentrale Bedeutung für gesellschaftlichen Wandel zu. Gesellschaftlicher Wandel ist in der Marxschen Vorstellung ein naturgeschichtlicher Prozess, bei dem gesellschaftliche Verhältnisse das Bewusstsein und das Wollen der Menschen bestimmen. In diesem Sinne gingen Marx und Engels auch davon aus, dass sich die sozialistische Gesellschaft in einem naturgesetzlich ablaufenden Prozess befindet, bei dem soziale Konflikte (in Form von Revolutionen) die zentralen Treiber sind (Marx & Engels, 1990 [1845–1846]).
- Georg Simmel hingegen nimmt eine mikrosoziologische Perspektive ein. Als treibende Kraft für soziale Konflikte sieht er einerseits die Triebhaftigkeit des Menschen, andererseits die unterschiedlichen Interessen von Menschen in Bezug auf bestimmte Objekte (Simmel, 1908) an. Auch Simmel versteht soziale Konflikte nicht als dysfunktional, schließlich handele es sich um soziale Wechselbeziehungen, die zur Lösung von Spannungen führten.
- Emile Durkheim, dessen Fokus ebenfalls auf der mikrosoziologischen Ebene liegt, liefert wesentliche Ansatzpunkte für die sozialwissenschaftliche Konfliktforschung (insbesondere bei Coser; siehe Abschn. 4.2), wenn er die funktionalen Aspekte abweichenden Verhaltens in der Gesellschaft, etwa der Innovation und der Normverdeutlichung, hervorhebt (Durkheim, 1961 [1895]).
- Bei Ferdinand Tönnies (1887) gelangt ein Gegensatz in den Fokus des Interesses, der auf allen Ebenen der Gesellschaft wirksam ist und mit zahlreichen Konflikten verbunden wird: der Unterschied zwischen Gemeinschaft (persönliche Beziehungen und bei Tönnies eher im Dorf verortet) und Gesellschaft (distanziert und urban).
- Für Max Weber (1976 [1922]) sind Konflikte in doppeltem Sinne an Macht gekoppelt: einerseits im Willen zur Macht, andererseits sind Konflikte an soziale Verhältnisse gekoppelt, in denen um Macht gekämpft wird, etwa im

Wirtschaftlichen in der Arena des Marktes, besonders deutlich aber in der Politik, in der die Gefahr besteht, die Grundlagen gesellschaftlicher Regeln des Umgangs mit Konflikten zu verlassen (etwa im Terrorismus). Auch bei Weber wird das Konfliktpotenzial des Strebens nach Zugehörigkeit in Gemeinschaft gegenüber den Erfordernissen der rationalen Vergesellschaftung aufgegriffen.
- Talcott Parsons (1951) versteht Gesellschaft als ein System, das aus Strukturen, also Klassen von Elementen die gegenüber kurzfristigen Änderungen im sozialen System widerständig sind, und Funktionen, die die Abstimmung zwischen den Strukturen leisten, besteht. Je entwickelter diese Abstimmung, desto höher ist die – von Parsons positiv verstandene – Stabilität eines Systems. Entsprechend versteht Parsons in seiner makrosoziologisch orientierten Theorie Konflikte als eine Störung der funktionalen Struktur der Gesellschaft.
- Pierre Bourdieu schließlich verbindet mit seiner Habitus- und Kapitaltheorie die mikro- bis makrosoziologischer Perspektive. Zentraler für die gesellschaftliche Dynamik ist bei Bourdieu der Kampf um die Verteilung symbolischen Kapitals, also das Ringen um materielle, soziale und kulturelle Positionen in der Gesellschaft (Bourdieu, 1984, 1989).

Diese klassischen Positionen werden uns im Folgenden bei der Darstellung der unterschiedlichen Theorien sozialer Konflikte, aber auch bei speziellen Fragen und im Fallbeispiel der Energiewende begegnen.

Literatur

Berger, P. L., & Luckmann, T. (1966). *The social construction of reality. A treatise in the sociology of knowledge.* Anchor Books.
Bette, K.-H., & Schimank, U. (2006). *Doping im Hochleistungssport. Anpassung durch Abweichung* (2. erweiterte Auflage). Suhrkamp.
Bielefeldt, H., & Heitmeyer, W. (2000). Konflikte um religiöse Symbole. Moscheebau und Muezzinruf in deutschen Städten. *Journal für Konflikt- und Gewaltforschung, 2*(2), 250–265.
Bourdieu, P. (1984). *Distinction. A social critique of the judgement of taste.* Harvard University Press.
Bourdieu, P. (1989). Social space and symbolic power. *Sociological theory, 7*(1), 14–25.
Brommer, U. (1994). *Konfliktmanagement statt Unternehmenskrise: Moderne Instrumente zur Unternehmensführung.* Orell Füssli.
Durkheim, É. (1961 [1895]). *Die Regeln der soziologischen Methode.* Luchterhand.
Galtung, J. (1971). *A framework for the analysis of social conflict.*
Galtung, J. (1975). *Strukturelle Gewalt.* Rowohlt.

Garcia, M., & Martinez, L. (2022). Power dynamics and social conflict: A Coserian approach. *Social Forces, 100*(2), 589–611.

Heitmeyer, W. (1996). Ethnisch-kulturelle Konfliktdynamiken in gesellschaftlichen Desintegrationsprozessen. In W. Heitmeyer & R. Dollase (Hrsg.), *Die bedrängte Toleranz* (S. 31–64). Suhrkamp.

Jeschke, B. G. (1993). *Konfliktmanagement und Unternehmenserfolg. Ein Situativer Ansatz.* Gabler.

Jones, A., & Brown, M. (2019). Conflict and change in organizations: Applying Coser's theory. *Organization Studies, 40*(5), 701–721.

Kühne, O. (2019). *Landscape theories. A brief introduction.* Springer VS.

Kühne, O. (2024). *Redescribing Horizontal Geographies. A Neopragmatist Approach to Spatial Contingency, Complexity, and Relationships.* Springer International.

Kühne, O., & Berr, K. (2021). *Wissenschaft, Raum, Gesellschaft. Eine Einführung zur sozialen Erzeugung von Wissen.* Springer VS.

Lee, H., & Kim, S. (2021). Social movements and conflict mobilization: A Coserian analysis. *Social Movement Studies, 20*(3), 345–364.

Luhmann, N. (1997). *Die Gesellschaft der Gesellschaft.* Suhrkamp.

Marx, K. & Engels, F. (Hrsg.). (1990 [1845–1846]). *Werke* (Bd. 3, 9. Auflage; unveränderter Nachdruck der 1. Auflage 1958). Dietz.

Merton, R. K. (1957 [1949]). *Social Theory and Social Structure* (Revised and enlarged Edition). Free Press.

Parsons, T. (1951). *The social system.* Free Press.

Popper, K. R. (1935). *Die Logik der Forschung.* Mohr Siebeck.

Poser, H. (2012). *Wissenschaftstheorie. Eine philosophische Einführung* (2., überarbeitete und erweiterte Auflage). Philipp Reclam jun.

Schwarz, G. (1990). *Konflikt-Management. Sechs Grundmodelle der Konfliktlösung.* Gabler.

Simmel, G. (1908). *Soziologie. Untersuchungen über die Formen der Vergesellschaftung.* Duncker & Humblot.

Smith, J. (2020). Interpersonal Conflict in Families: A Coserian Perspective *41* (8), 1162–1181.

Tetens, H. (2013). *Wissenschaftstheorie. Eine Einführung.* Beck.

Thiel, A., Mayer, J., & Seiberth, K. (2023). *Sportsoziologie. Ein Lehrbuch in 14 Lektionen* (3., vollständig überarbeitete und erweiterte Auflage). Meyer & Meyer.

Thiel, A., Seiberth, K., & Mayer, J. (2018). Why does theory matter? Reflections on an apparently self-evident question in sport sociology. *European Journal for Society and Society, 15*(1), 1–4. https://doi.org/10.1080/16138171.2018.1437689.

Tönnies, F. (1887). *Gemeinschaft und Gesellschaft. Abhandlung des Communismus und des Socialismus als empirischer Kulturformen.* Fues-Verlag (R. Reisland Verlag).

Weber, M. (1976 [1922]). *Wirtschaft und Gesellschaft. Grundriß der verstehenden Soziologie.* Mohr Siebeck.

Aktuelle Theorien sozialer Konflikte 4

Zusammenfassung

Dieses Kapitel widmet sich der Darstellung von in der soziologischen Diskussion sehr einflussreichen Theorien sozialer Konflikte. Neben den Ansätzen von Ralf Dahrendorf und von Niklas Luhmann setzen wir uns auch mit jenen von Lewis Coser und Friedrich Glasl sowie einer spieltheoretischen Sicht auf soziale Konflikte auseinander. Versteht Ralf Dahrendorf soziale Konflikte als gesellschaftliche Normalität, die sich aus gesellschaftlichen Strukturen ableitet, fokussiert Lewis Coser die Frage, ob und inwiefern soziale Konflikte gesellschaftlich funktional oder dysfunktional wirken. Spieltheoretisch wird konfliktäres Handeln als eine interdependente Beziehung zwischen zweier durch Interessengegensätze gekennzeichneter Parteien, die rational nach jeweils eigenen Interessen handeln, verstehen. Glasl analysiert die Dynamik von Konflikten, insbesondere auch in Konflikteskalationen, während sich Luhmann mit der konstitutiven Bedeutung von Kommunikation für soziale Konflikte auseinandersetzt.

Schlüsselwörter

Soziale Konflikte · Ralf Dahrendorf · Lewis Coser · Spieltheorie · Friedrich Glasl · Niklas Luhmann

In diesem Kapitel widmen wir uns der Vorstellung klassischer Ansätze zu sozialen Konflikten. Ziel dieses Kapitels ist dabei nicht allein, die Differenziertheit der Ansätze, sondern auch die Unterschiedlichkeit ihres Geltungsanspruchs aufzuzeigen – nicht zuletzt mit Blick auf den Nutzen hinsichtlich des Verständnisses von sozialen Konflikten, die durchaus unterschiedlich ausgeprägt sein können.

4.1 Konflikt als Struktureffekt: Dahrendorf

Ein sehr einflussreicher ‚Klassiker der Theoriebildung' zu sozialen Konflikten ist Ralf Dahrendorf. Ralf Dahrendorf gilt als einer der renommiertesten deutschen Soziologen der Nachkriegszeit. Nach Professuren in Tübingen und Konstanz wurde er Direktor an der renommierten London School of Economics and Political Sciences und Rektor des St. Anthonys College in Oxford. Erwähnenswert ist neben seinen wissenschaftlichen Leistungen vor allem auch sein politisches Engagement, zunächst als Mitglied der Sozialdemokratischen Partei Deutschlands (SPD), ab 1967 bei der Freien Demokratischen Partei (FDP, damalige Schreibweise: F.D.P.), für die er auch Mitglied des Deutschen Bundestages war.

Unter den in Abschn. 3.3 behandelten Klassikern der Soziologie bezieht sich Dahrendorf insbesondere auf drei: Parsons, Marx und Weber. Die Bezugnahmen könnten indes unterschiedlicher nicht sein: Die Position von Parsons lehnt er ab, da Dahrendorf in Konflikten einen Motor für (erwünschten) gesellschaftlichen Wendel sieht – und somit einer Theorie der Stabilität kritisch gegenübersteht. Mit Marx verbindet ihn ein affirmatives Verständnis von Konflikten, wenngleich dieser die Gesetzmäßigkeit gesellschaftlicher Entwicklung ebenso ablehnt, wie auch die utopische Vorstellung einer herrschafts- und letztlich konfliktfreien Gesellschaft (die entsprechend eine Gesellschaft ohne Entwicklungsmöglichkeiten wäre). Max Weber wiederum ist für Dahrendorf ein zentraler Bezugspunkt seiner Arbeit (nicht allein zu Konflikten), viele seiner zentralen Begriffe gehen auf Weber zurück, werden übernommen, modifiziert und weiterentwickelt (hier insbesondere der Begriff der Lebenschancen).

Bei der Dahrendorfschen Konflikttheorie handelt es sich um eine Theorie mittlerer Reichweite. Sie fokussiert die gesellschaftliche Meso-Ebene und befasst sich mit sozialen Konflikten zwischen gleichen und unterschiedlichen Hierarchisierungen sowie Teil gegen Ganzes. Sie liefert zudem Hinweise, wie eine erfolgreiche Konfliktregelung ablaufen kann.

Den Konflikt auf soziale Strukturen zurückzuführen, ist in der Soziologie nicht etwa eine Einzelposition eines Autors. Ralf Dahrendorf gebührt aber der Verdienst, dies als einer der ersten Theoretiker systematisch herausgearbeitet zu haben (zur intensiveren Einführung in die Dahrendorfsche Soziologie – auch über seine Konflikttheorie hinaus – siehe einführend: Kühne, 2017; Kühne & Leonardi, 2020).

4.1.1 Gründe, Abläufe und Ausprägungen von Konflikten

Dahrendorf definiert einen Konflikt als „jede Beziehung von Elementen, [...] die sich durch objektive (,latente') oder subjektive (,manifeste') Gegensätzlichkeit kennzeichnen lässt" (Dahrendorf, 1972, S. 23). Dahrendorf weist explizit darauf hin, dass sich jeder Konflikt auf eine Beziehung von zwei, „und nur zwei" (Dahrendorf, 1972, S. 24) Elementen zurückführen lässt: „Wo mehrere ,Parteien' an ihm beteiligt sind, schaffen ,Koalitionen' den Konflikt als solchen zwischen zwei Elementen, das heißt, die Elemente gegebener Konflikte können in sich selbst durchaus vielgestaltig sein" (Dahrendorf, 1972, S. 24).

Konflikte können nach Dahrendorf sehr unterschiedlich verlaufen. Für die Klassifikation von Konfliktverläufen konstruiert er sogenannte ,Konfliktdimensionen', in welchen Konflikte variieren können. Von diesen sind vor allem zwei von Bedeutung: die Intensität, die er an den mit einer Niederlage im Konflikt verbundenen Kosten für die Beteiligten festmacht (Konfliktintensität), und die Gewaltsamkeit: „Die Unterscheidung der beiden Dimensionen impliziert die Annahme, dass diese unabhängig voneinander variieren: Nicht jeder gewaltsame Konflikt ist notwendig intensiv und umgekehrt" (Dahrendorf, 1972, S. 37).

Theoretisch bedeutsam ist bei Dahrendorf nun vor allem die Forderung, dass der soziale Konflikt als ein soziales Phänomen zu betrachten sei, dass aus der Struktur sozialer Einheiten ableitbar ist (Dahrendorf, 1961, S. 202, 1972, S. 24; vgl. Dahrendorf, 1969). Mit dieser Bindung des Konfliktbegriffs an bestimmte Konfliktprämissen wird eine grundsätzliche Abgrenzung von der psychologischen Konflikttheorie vorgenommen. Das entscheidende Kriterium für die Verwendung des Begriffs ,sozialer Konflikt' liegt dabei vor allem in der Ableitbarkeit der Konfliktursachen aus den strukturellen Bedingungen des jeweiligen Systems, in welchem ein Konflikt entsteht. Der soziale Konflikt ist somit als ein überindividuelles Phänomen (vgl. Dahrendorf, 1961, 1969, 1972) zu betrachten. Die besondere Leistung einer solchen Analyse liegt darin, dass Aussagen gemacht werden können, die für bestimmte Situations- oder bestimmte Konflikttypen gelten, unabhängig davon, welches Individuum sich in der jeweiligen Situation befindet. Es geht in diesem Sinne nicht um die repräsentative Beobachtung und Dokumentation von Einzelkonflikten zwischen ,real existierenden' Individuen. Es geht vielmehr um das Erkennen, Beschreiben und Erklären von Konflikttypen, die immer wieder, unabhängig davon, welche Individuen daran beteiligt sind, auftauchen. In diesem Sinne erlaubt es die Konstruktion des sozialen Konflikts, sich von der Persönlichkeitsstruktur eines einzelnen Individuums zu entfernen, um Generalisierungen ableiten zu können.

Dahrendorf (1972) unterscheidet bei der Konstruktion seines Theorieansatzes zur Erklärung von Konflikten fünf soziale Einheiten: 1. Rollen, 2. Gruppen, 3. Sektoren, 4. Gesellschaften und 5. übergesellschaftliche Verbindungen. Bei der Analyse der auf die Strukturen dieser sozialen Einheiten zurückführbaren Konflikte kommt der „Hypothese der ungleichen Verteilung der Macht" eine besondere Stellung zu. Wollen wir Konflikte verstehen, so Dahrendorf, dann müssen wir die Machtpotenziale der konfligierenden Akteure kennen (Dahrendorf, 1972, S. 34). Dies verdeutlicht er zunächst mit dem Hinweis auf die Entstehung internationaler Konflikte, die seines Erachtens nicht unbedeutend auf die Abhängigkeit einzelner Nationen zurückzuführen sind. Analoges findet er zum Teil auch bei Minderheiten- und Rollenkonflikten, „doch liegt in solchen Abhängigkeiten – selbst wenn diese sich als Herrschaftsbeziehungen deuten ließen – keineswegs der einzige Erklärungsgrund dieser Konflikte" (Dahrendorf, 1972, S. 34). Insofern gilt es, unterschiedliche Typen von Konfliktinteraktionen zu unterscheiden, indem den Parteien, die an einem Konflikt teilhaben, unterschiedliche „Ränge" zugeordnet werden: 1. Gleicher contra Gleicher, 2. Übergeordneter contra Untergeordneter und 3. Ganzes contra Teil (Dahrendorf, 1972, S. 27).

Dahrendorf unterscheidet bei der Ausprägung von Konflikten in ‚manifest' und ‚latent' Diese beiden Kategorien entstammen einer von Sigmund Freud in seiner Traumdeutung eingeführten Terminologie[1] und wurden von Dahrendorf soziologisch erweitert. Übertragen auf soziale Konflikte geht Dahrendorf davon aus, dass manifeste Konflikte offenkundig sind, während latente Konflikte für den Beobachter verborgen und dennoch vorhanden sein können. Dieses ‚Verborgen-Sein' ist dabei nicht etwa so zu verstehen, dass verschiedene Akteure ihren Konflikt heimlich und unbeobachtet austragen. Die Latenz der Konflikte liegt vielmehr darin, dass in einer Situation, in der sich Individuen befinden, eine soziale Differenz gegeben ist, also ein Anspruchsgegenstand vorhanden ist, an dem diese Individuen ein Interesse haben, es findet allerdings keine offene Auseinandersetzung um diesen Anspruchsgegenstand statt (vgl. Meyer, 1997, S. 21; siehe Textbox 1).

---

[1] Freud versteht ‚manifeste' Inhalte des Traums als solche, die erfahren und erinnert werden, ‚latente' Inhalte sind Traumgedanken, die sich der unmittelbaren Wahrnehmung durch das Bewusstsein entziehen und nur durch Psychoanalyse wieder ins Bewusstsein geholt werden können (Freud, 1900).

4.1 Konflikt als Struktureffekt: Dahrendorf

> **Textbox 1: Beispiel Unterscheidung latenter und manifester Konflikte**
> Der Unterschied zwischen latenten und manifesten Konflikten lässt sich an folgendem Beispiel aus dem Sport erläutern: In einer Fußballmannschaft gibt es in der Regel immer mehrere Bewerber~innen für eine bestimmte Position, da die Leistung einer Mannschaft bei auftretenden Verletzungen, Formschwächen usw. nur dann einigermaßen konstant gehalten werden kann, wenn adäquater Ersatz für die Akteure, die eine Position besetzen, zur Verfügung steht. Alle Bewerber~innen auf eine bestimmte Position, d. h. sowohl die in der Aufstellung vorgesehenen als auch die Ersatzleute, haben in der Regel das Ziel zu spielen, melden also ein Interesse an dieser Position an. Bewerben sich nun mehrere Mittelfeldspieler~innen um die ausstehende Position, dann befinden sich diese bereits in einer Konfliktsituation. Die Bewerbung dieser Spieler~innen wäre in Anlehnung an Dahrendorf dann als latenter Konflikt zu bezeichnen, wenn keine Auseinandersetzung um diese Position stattfindet. Kommt es zur Auseinandersetzung, dann wird der Konflikt manifest und kann auf unterschiedliche Weise ablaufen: in Form offen ausgetragener Anspruchsforderungen, in Form verbaler Auseinandersetzungen oder Benachteiligungen etc.

Dahrendorf konstruiert die Unterscheidung zwischen manifesten und latenten Konflikten im Rahmen der Erklärung des „dynamischen Prozesses der Konfliktentfaltung", der in drei Phasen unterteilt werden kann (Dahrendorf, 1972, S. 35). Die erste Phase, die ‚strukturelle Ausgangslage', bezeichnet eine ‚objektive' gesellschaftliche Struktur, die Personen bestimmte gesellschaftliche Positionen zuweist (dieses Verständnis ist dem Marxschen Begriff der ‚Klasse an sich' ähnlich (Dahrendorf, 1972; siehe auch Meyer, 1997; Niedenzu, 2001). Übertragen auf einen konfliktären Zusammenhang sind hier die beiden „Parteien der Konfliktfront" (Dahrendorf, 1972, S. 35) für den objektiven Beobachter sichtbar, wobei den einzelnen Parteien jeweils „Gemeinsamkeiten" in Form „latenter Interessen" oder Zielvorstellungen zugeschrieben werden können, also ein latentes Konfliktverhältnis der beiden Parteien besteht. Unter ‚latenten Interessen' versteht Dahrendorf dabei (Dahrendorf, 1957, S. 204) „alle positionsbedingten Verhaltensorientierungen (Rollen-Erwartungen), die eine Gegensatzbeziehung zwischen zwei Aggregaten von Positionen begründen, ohne den Träger~innen der Positionen notwendig bewusst zu sein" (Dahrendorf, 1957: 204).

Die latenten Gegensätze der beiden Parteien treten in der zweiten Phase der ‚Bewusstwerdung der latenten Interessen, hervor und sind auch für die Außenwelt erkennbar, „jeder soziale Konflikt drängt nach außen, zum sichtbaren Niederschlag" (Dahrendorf, 1972, S. 36). Voraussetzung einer solchen Kristallisierung ist allerdings, dass „gewisse technische (personelle, ideologische, materielle), soziale (systematische Rekrutierung, Kommunikation) und politische (Koalitionsfreiheit) Bedingungen erfüllt [sind]. Wo einige oder alle von diesen nicht gegeben sind, bleiben Konflikte latent, unterschwellig, ohne dadurch an Wirksamkeit zu verlieren" (Dahrendorf, 1972).

In der dritten Phase zeigen sich schließlich die Konflikte zwischen den beteiligten Parteien als voll ausgebildete. Die Konflikte haben hier eine dichotomisierende Wirkung, sie werden von zwei Parteien getragen; die unterschiedlichen Interessenlagen wiederum werden dabei in Binnenkonflikte transformiert (Dahrendorf, 1972). Die Konfliktparteien verfügen hier über eine eindeutige Identität im Hinblick auf ihr Bewusstsein als Konfliktteilnehmer mit einem klar umrissenen Interesse. Situationen, in welchen ein solches Bewusstsein nur auf einer Seite vorliegt, in welchen somit gewissermaßen ein Zwischenstatus zwischen latentem und manifestem Konflikt vorliegt, werden von Ralf Dahrendorf als „unvollständige Konflikte" (Dahrendorf, 1972, S. 36) bezeichnet.

Dahrendorf (1972) sieht drei prinzipielle Möglichkeiten des Umgangs mit Konflikt. Die erste Möglichkeit ist die der Unterdrückung von Konflikten. Diese hält er für nicht opportun, da weder der Konfliktgegenstand noch dessen Ursache beseitigt werden, wohingegen die Bildung von Konfliktgruppen behindert bis verhindert wird, wodurch die Virulenz des Konfliktpotenzials zunimmt, bis am Ende eine ungeordnete Eruption erfolgt (Dahrendorf, 1972). Die zweite Möglichkeit des Umgangs mit Konflikten besteht nach Dahrendorf in der Lösung von Konflikten. Eine solche bedeutete das Beseitigen der gesellschaftlichen Ursachen von Konflikt, also gesellschaftlicher Unter- und Überordnungsverhältnisse, diese werden indes als jeder Gesellschaft immanent angesehen. Die dritte Möglichkeit des Umgangs mit Konflikten ist die Erarbeitung von Regelungen, die für alle Konfliktparteien akzeptabel sind. Voraussetzung hierfür ist, dass die Konfliktparteien organisiert sind und die Legitimität der Perspektiven der jeweils anderen Konfliktpartei anerkennen und dass die Regeln des Verfahrens der Konfliktregelung von beiden Seiten eingehalten werden (ausführlicher wird in Abschn. 6.1 auf die Regelung von Konflikten eingegangen). Durch eine Konfliktregelung verschwinden die Konfliktursachen (gesellschaftliche Ungleichheiten) nicht, sie verlieren aber ihre potenzielle Destruktivität. So können sie ihr positives Potenzial für die gesellschaftliche Entwicklung entfalten: „Freie Gesellschaft ist gestatteter, ausgetragener, geregelter Konflikt, der schon durch diese Merkmale das Grundniveau der Lebenschancen ansetzt, mehr als alle Spielarten der Unfreiheit es könnten" (Dahrendorf, 1972, S. 7).

4.1.2 Konflikte und Lebenschancen

Am Ende des letzten Abschnittes fiel ein Begriff, den Dahrendorf schon früh bei Max Weber entlehnte, dann aber seit Ende der 1970er Jahre zu einem Kern seiner soziologischen und sozialpolitischen Überlegungen machte: Lebenschancen (Dahrendorf, 1979a). Max Weber versteht darunter – wie zunächst auch Dahrendorf – jene Chancen, die ein Mensch vernünftigerweise in seinem Leben erwarten kann (Weber, 1976 [1922]). Weber rückt den Begriff der Lebenschancen damit in den Kontext des Kampfes um Ressourcen (wodurch die konfliktäre Dimension von Lebenschancen deutlich wird). Allerdings bleibt eine genauere inhaltliche Bestimmung, worum es bei Lebenschancen gehen soll, aus (Mackert, 2010). Vielmehr ist das Verständnis Webers von Lebenschancen eher passiv geprägt, d. h. dem Individuum werden bestimmte Lebenschancen gegeben, die Möglichkeiten, sich aktiv solche zu erarbeiten, sind gering. Dahrendorf (1979b, S. 24) konkretisiert das Verständnis von Lebenschancen, indem er sie bildhaft als „die Backformen menschlichen Lebens in Gesellschaft; sie bestimmen, wie weit Menschen sich entfalten können" bezeichnet. Lebenschancen sind in diesem Sinne „Gelegenheiten für individuelles Handeln, die sich aus der Wechselbeziehung von Optionen und Ligaturen ergeben" (Dahrendorf, 1979b, S. 55). Aus dieser Perspektive ist konsequenterweise nicht mehr die „ärgerliche Tatsache der Gesellschaft" (Dahrendorf, 2006, S. 21) das bestimmende Moment von Lebenschancen, sondern die individuell aktiv nutzbaren Gelegenheiten. In dieser voluntaristischen Bestimmung des Konzepts der Lebenschancen spielt die Differenzierung von Optionen (aktiver Aspekt) und Ligaturen (passiver Aspekt) eine wichtige Rolle. Dahrendorf versteht Optionen als die „in sozialen Strukturen gegebene[n] Wahlmöglichkeiten, Alternativen des Handelns" (Dahrendorf, 1979b, S. 50), die wiederum Wahlentscheidungen verlangen und damit offen für die Zukunft sind (Dahrendorf, 1979b, S. 108). Ligaturen binden den Menschen an die Vergangenheit und an die Erwartungen der Gesellschaft, sie sind „strukturell vorgezeichnete Felder menschlichen Handelns. Der Einzelne wird kraft seiner sozialen Positionen und Rollen in Bindungen oder Ligaturen hineingestellt" (Dahrendorf, 1979b, S. 51). Ligaturen und Optionen sind – sollen Lebenschancen entstehen – konstitutiv aneinander gebunden, denn „Ligaturen ohne Optionen bedeuten Unterdrückung, während Optionen ohne Bindungen sinnlos sind" (Dahrendorf, 1979b, S. 51–52). Auch wenn Ligaturen aus bloßen Chancen „Chancen mit Sinn und Bedeutung, also Lebenschancen" (Dahrendorf, 1979b, S. 51), machen, bleiben sie ambivalent. Sie sind ein „vermintes Gelände. Die meisten Tiefenstrukturen haben eine absolute Qualität: sie lassen Schattierungen von grau nur widerwillig zu. Menschen gehören entweder dazu oder sie tun es nicht, und wenn sie es nicht tun, haben sie keinen Anspruch auf Rechte" (Dahrendorf, 2004, S. 51). In diesem Sinne spielt das Aufbrechen von Ligaturen eine entscheidende Rolle für gesellschaftliche Entwicklung, denn, so Dahrendorf (1979b, S. 52) „Mobilität bedeutet, dass die Familie und das Dorf nicht mehr Schicksalsgemeinschaften sind, sondern zunehmend zu Wahlgemeinschaften werden".

Optionen wie Ligaturen sind wandelbar, sie können in Zahl und Umfang zu- oder abnehmen. Die Optionsmaximierung, die die Modernisierung der Gesellschaft geprägt hat, ist nicht allein reversibel, sondern zusätzlich besteht die Möglichkeit, Optionen für die einen auf Kosten der Optionen für die anderen zu maximieren. Auch können Mächtige gegenüber ‚Mindermächtigen' (Paris, 2005) Optionen (in Form von Privilegien) sichern oder erweitern und so für die ‚Mindermächtigen' neue Ligaturen schaffen (Dahrendorf, 1992, 2007; Strasser & Nollmann, 2010).

Lebenschancen, und dies ist für den vorliegenden Zusammenhang wichtig, haben das große Potenzial, manifeste Konflikte zu produzieren. Konflikten – so Dahrendorf (1979b) – wohnt stets das Streben nach und die Behinderung von Lebenschancen inne. So entfalten sich Konflikte auf mikro-, meso- bis makrosozialer Ebene bei der Wahl (oder Nicht-Wahl) von Optionen (Investition in Bildung oder die Errichtung von Infrastruktur), sie entstehen durch die Eingrenzung von Optionen durch Ligaturen (befolgen von religiösen Regeln anstelle des Auslebens spontaner Impulse), sie entspringen aber auch zwischen unterschiedlichen Ligaturen (soziale Klimaschutznormen, Political Correctness, ‚Heimatliebe', traditionelle Familienvorstellungen etc.). Besonders virulent wird die Lebenschancenfrage dann, wenn sie makrosozial auftritt, etwa in Klassenkonflikten, wenn „die Möglichkeiten der Einen (der ‚Beherrschten', der ‚Abhängigen') durch die Entscheidungen Anderer (‚der Herrscher') entscheidend vorstrukturiert" (Niedenzu, 2001, S. 178) werden.

4.1.3 Diskussion

Dahrendorf bietet eine differenziere und nachvollziehbare Konfliktklassifikation. Allerdings lassen sich auch eine Reihe von Kritikpunkten finden. In der wirtschaftswissenschaftlichen Literatur dominiert die Kritik an dem verschiedenen Konflikten zugeschriebenen Kausalhintergrund der Veränderung von Herrschaft (vgl. u. a. Dorow, 1978). So werden Konflikte um Mitbestimmung oder Vermögensbildung zu Unrecht einzig als Folge dieses Prozesses gedeutet. „Der Konflikt um Mitbestimmung und Vermögensbildung kann auch als Konflikt um den Anteil der Wertschöpfung interpretiert werden. Die Veränderung der Herrschaftsstruktur erscheint dann nur als ein Mittel, die eigentliche Konfliktursache – nämlich die ungleiche Verteilung der Wertschöpfung – aufzuheben" (Dorow, 1978, S. 31).

Eine wesentlich grundlegendere Kritik findet sich allerdings in der systemtheoretischen Literatur. So wird an der Bestimmung von Konflikten als „strukturell erzeugten Gegensatzbeziehungen von Normen und Erwartungen, Institutionen und Gruppen" (Dahrendorf, 1961, S. 125) vor allem deren terminologische Unschärfe kritisiert. Gerade das Bemühen, „strukturelle Bedingungen für Konflikte (und insofern ‚mögliche' Konflikte) und Konflikte auf der Verhaltensebene *in einem Begriff zusammenzuziehen*" (Luhmann, 1984, S. 531) wird als eine falsche Begriffstechnik angesehen. Niklas Luhmann fordert dementsprechend die Trennung des Konfliktbegriffs von der strukturellen Auslösung, also die unabhängige Bestimmung des Begriffs von den ihm zugeschrieben Ursachen.

An der theoretischen Konstruktion des Prozesses der Konfliktentfaltung wird Dahrendorfs Versuch deutlich, terminologische Unklarheiten zu beseitigen und empirisch beobachtbare von nicht beobachtbaren Konflikten zu trennen. Dabei räumt er selbst allerdings Schwierigkeiten ein, die drei Phasen empirisch eindeutig voneinander zu unterscheiden (Dahrendorf, 1972, S. 35). Doch ist die mangelnde empirische Unterscheidungsfähigkeit allerdings nicht das einzige Problem seiner Differenzierung in manifeste und latente Konflikte. Sollen Konflikte als Resultate strukturinduzierter Gegensätze erklärt werden, dann muss die Unterscheidung noch erweitert werden, um inhaltlich stimmig zu bleiben. So müssten im Grunde *aktualisierte Konflikte*, die konkreten Personen zuordenbar sind, von *Konfliktpotenzialen*, die von Personen unabhängig in bestimmten Bereichen und Situationstypen existieren, unterschieden werden. Diese Erweiterung wäre deshalb von Bedeutung, weil die Analyse struktureller Bedingungen auf unterschiedlichen Ebenen gesellschaftlicher ‚Realität' und deren induzierte potenzielle Gegensätze noch nicht die konkrete Beteiligung von Personen impliziert, jedoch die Möglichkeit der Entstehung eines Konflikts im Falle, dass Personen in entsprechenden Situationen handeln.

Wenn es also darum ginge, dass in bestimmten Situationstypen in unterschiedlichen Bereichen der Gesellschaft die Bedingungen für die Entstehung von Konflikten gegeben sind, dann müsste von Konfliktpotenzialen, die diese typisierten Situationen besitzen, gesprochen werden. Wenn konkret beschrieben würde, dass sich Akteure in diesen Situationen befinden, dann ginge es um die Beschreibung aktualisierter Konflikte. Sowohl manifeste als auch latente Konflikte wären in diesem Sinne als aktualisierte Konflikte aufzufassen, da sie ja beide konkreten Personen, die sich in bestimmten Situationen befinden, zuordenbar sind.

Tab. 4.1 Unterscheidung von Konfliktpotenzial und aktualisiertem Konflikt (eigene Darstellung)

Konfliktpotenzial	Aktualisierter Konflikt		
Die Konflikträchtigkeit, die eine bestimmte situative Konstellation angesichts gegebener struktureller Bedingungen typischerweise besitzt	Latenter Konflikt	Unvollständiger Konflikt	Manifester Konflikt
	‚stiller', d. h. unbewusster Verlauf einer Interaktion von an einem Anspruchsgegenstand interessierten Akteuren in einer Konfliktsituation	Nur eine Partei hat eine Identität als Konfliktteilnehmer ausgebildet	Offene Auseinandersetzung von Akteuren um einen Anspruchsgegenstand in einer Konfliktsituation. Beide Parteien haben eine Identität als Konfliktteilnehmer mit bewussten gegensätzlichen Interessen

Die Unterscheidung der Begriffe ‚Konfliktpotenzial', ‚aktualisierter', ‚manifester' und ‚latenter' Konflikt könnte folgendermaßen dargestellt werden. Als ‚Sonderform' des manifesten Konflikts (bei einseitiger Latenz) wäre dann auch der sogenannte ‚unvollständige Konflikt' in die Tabelle zu integrieren (siehe Tab. 4.1).

Nun hilft eine entsprechende Differenzierung zwar, den Konflikt im Anschluss an Dahrendorfs Definition begrifflich genauer zu fassen, doch es bleibt die Frage, inwiefern es sinnvoll ist, einen Konfliktbegriff zu verwenden, der gleichzeitig sowohl eine existente Auseinandersetzung als auch eine gar nicht vorhandene, nur potenzielle Auseinandersetzung bezeichnen soll. Bei einem solchen Vorgehen wird mit einem Begriff Unterschiedliches beschrieben, weshalb an späterer Stelle wieder auf Begriffsdifferenzierungen zurückgegriffen werden muss, um die terminologischen Unklarheiten aufzulösen.

Aus der Auseinandersetzung mit Dahrendorfs Konflikttheorie lassen sich zusammenfassend folgende Schlussfolgerungen ableiten:

- Soziale Konflikte sind, wie Dahrendorf überzeugend darlegt, überindividuelle Phänomene, d. h. die Ursachen sozialer Konflikte sind aus den Strukturen sozialer Einheiten ableitbar.

- Dahrendorf zeigt sehr anschaulich, dass Konflikte schon lange ‚beginnen', bevor sie manifest werden, und zwar als strukturell erzeugte Gegensatzbeziehungen von Normen und Erwartungen, Institutionen und Gruppen.
- Die Unterscheidung sozialer und anderer Konflikte sowie manifester und latenter Konflikte in einer Theorie des Konflikts erzeugt allerdings eine hohe begriffliche Komplexität, die mit Blick auf das Ziel einer unmissverständlichen Beschreibung von Konfliktphänomenen ein hohes Maß an Zusatzerklärungen voraussetzt.
- Um die in den strukturellen Bedingungen einer Gesellschaft, in welchem Konflikte entstehen, angelegten Erwartungsgegensätzlichkeiten zu beschreiben, könnte der Begriff ‚Konfliktpotenzial' anstatt des Begriffs des ‚latenten Konflikts' verwendet werden.
- Die Dahrendorfsche Konflikttheorie ist stark auf die gesellschaftliche Mesoebene ausgerichtet, makro- und mikrosoziale Konflikte werden nicht erfasst.
- Dahrendorf arbeitet die Phasenhaftigkeit von Konflikten heraus, die in dieser Form noch recht grob strukturiert ist – Glasl (Abschn. 4.4) setzt hier auf eine feinere Strukturierung.
- Die Konflikttheorie Dahrendorfs enthält nicht nur Hinweise zur Analyse von Konflikten, sondern gibt auch Hinweise, wie sich ein Umgang mit Konflikten gesellschaftlich produktiv gestalten lässt, nämlich durch Regelung.

4.2 Konflikt zwischen Funktion und Dysfunktion: Coser

Neben Dahrendorfs Arbeiten prägten vor allem die funktionalistischen Konfliktanalysen von Lewis A. Coser die soziologische Konfliktforschung. Lewis Coser kam 1913 in Berlin auf die Welt, war nach seiner Emigration u. a. Professor für Soziologie an der State University, New York, sowie an der Brandeis Universität in Massachusetts und arbeitete mehrere Jahre für die US-Regierung.

Die Konflikttheorie Cosers befasst sich mit der Funktionsweise von Konflikten, ihrer gesellschaftlichen Bedeutung, der Funktionalität und Dysfunktionalität sowie der Ausprägung von Gruppenidentität. Auch diese Konflikttheorie ist auf der Meso-Ebene der Gesellschaft lokalisiert.

4.2.1 Ausgangssituation

Coser bestimmt den Begriff des sozialen Konflikts – im Gegensatz zu Dahrendorf – zunächst ohne Bezug auf zugrunde liegende strukturelle Ursachen. Ein Konflikt ist nach Coser ein „Kampf um Werte und um Anrecht auf mangelnden Status, auf Macht und Mittel, in dem einander zuwiderlaufende Interessen notwendig entweder einander neutralisieren oder verletzen oder ganz ausschalten" (Coser, 1965, S. 8).

Coser hält die Konstruktion einer Theorie des sozialen Konflikts vor allem aufgrund der Mängel vorangegangener Ansätze für nötig. Talcott Parsons' Überlegungen zur Erklärung von Konflikten hält er z. B. entgegen, die Kennzeichnung eines Konflikts beinhalte eine eher negative Tönung, weshalb ein Konflikt dadurch prinzipiell zu einem von gesellschaftlich legitimen Verhaltensweisen abweichenden Vorgang werde, was allerdings weder empirisch haltbar noch theoretisch schlüssig sei. An Dahrendorf kritisiert er u. a. dessen Aussage, dass „alles soziale Leben [...] Konflikt (sei), weil es Wandel ist" (Dahrendorf, 1972, S. 235), rückt diese sogar in die Nähe der Metaphysik, weil sie nicht einer plausiblen Theoriebildung entspringe. In diesem Zusammenhang weist Coser außerdem auf die analytischen Schwierigkeiten hin, die mit einer Gleichsetzung sozialen Lebens mit Konflikt verbunden sind. Vor allem die Orientierung an der Annahme, Konflikt sei Wandel, hält er im Hinblick auf die Analyse sozialer Strukturen für äußerst uneffektiv (Coser, 1965, S. 5).

4.2.2 Grundzüge Cosers Konflikttheorie

Coser orientiert sich in seiner ‚funktionalistischen' Betrachtung des Konflikts an Georg Simmel, der in seiner Analyse des Streits auf die produktiven Aspekte von Konflikten hinweist. In seinem Werk ‚The Functions of Social Conflict' charakterisiert Coser den sozialen Konflikt in Anlehnung an Ideen von Georg Simmel als eine Form der Sozialisierung (Coser, 1956). Am Beispiel von Gruppen macht er dabei deutlich, dass Konflikt und Kooperation in einem wechselseitigen Verhältnis stehen und eine soziale Funktion erfüllen. Gruppen können nach Coser niemals vollständig harmonisch sein, da ansonsten sowohl Prozess als auch Struktur fehlen würden. Die Entstehung von Gruppen resultiert aus einem Wechselspiel von Assoziation und Dissoziation. Konflikte haben dabei die Funktion, Gruppenidentitäten zu schaffen und aufrechtzuerhalten, d. h., ein gewisses Maß an Konflikten wird als wesentliches Element der Gruppenbildung angesehen. In diesen Überlegungen wird der Bezug von Coser auf Simmel besonders deutlich. So wird davon

4.2 Konflikt zwischen Funktion und Dysfunktion: Coser

ausgegangen, dass wechselseitige Antagonismen zwischen Gruppen soziale Trennungen erhalten, indem sie einerseits das Gruppenbewusstsein und andererseits das Bewusstsein für die Abgrenzung von anderen Gruppen schärfen. In diesem Sinne misst Coser – im Gegensatz zu Dahrendorf, der Konflikt untrennbar mit Wandel und Instabilität in Zusammenhang bringt – konflikthaftem Handeln die Funktion der Erzeugung von Stabilität und Erwartbarkeit zu.

Konflikte schaffen, so Coser, also zeitlich stabile Gruppenidentitäten, die sich vor allem in Form einer Abgrenzung von der gegnerischen Gruppe bilden (vgl. Coser, 1965, S. 44). Ausgehend von der Prämisse, dass Konflikte in erster Linie (stabile und erwartbare) Interessensgegensätze implizieren, können Konflikte – umgekehrt gewendet – auch ein Kennzeichen für stabile Sozialstrukturen sein, da instabile Strukturen keine Konfliktresistenz hätten, also fast zwingend zu dauerhaften Schäden führen würden. Empirisch macht Coser dies an Konflikten um die Durchsetzung partikularer Wünsche in Betrieben fest, die als Indiz für die Bereitschaft, unterschiedliche Interessen an einem Anspruchsgegenstand auszugleichen, gewertet werden könnten (vgl. u. a. Coser, 1965, S. 102).

Stabilität lässt sich also nach Coser durchaus mit Konflikt verbinden. Damit gibt er allerdings den Gedanken an eine wandlungsinduzierende Funktion von Konflikten nicht auf. Konflikte können auch Veränderungsprozesse auf der Ebene sozialer Strukturen zur Folge haben. Dies gilt vor allem im Hinblick auf die Anpassung von Normen an veränderte Umweltbedingungen. Der Konflikt schafft, wird diesen Überlegungen gefolgt, einen Rahmen für neue Normen, die das Nicht-Geregelte, was sich im Konflikthaften zeigt, durch neue strukturelle Verankerungen von Entscheidungen regeln.

Ein zentraler Punkt in Cosers Theorie des sozialen Konflikts ist die Unterscheidung von funktionalen und dysfunktionalen Konflikten. Diese Unterscheidung soll dem Sachverhalt gerecht werden, dass es sowohl nicht-kooperative Konflikte, in welchen weder gemeinsame Ziele noch die Absicht einer gemeinschaftlichen Einigung zu beobachten sind, als auch kooperative Konflikte gibt, in denen eine konsensfähige Konfliktlösung möglich ist, die nicht nur widersprüchliche Interessen koordiniert, sondern auch die Bewusstmachung gemeinsamer Ziele, Werte und Normen ermöglicht. Dabei spricht er von ‚gemeinschaftlichen' und ‚nichtgemeinschaftlichen' Konflikten, die er jedoch, entsprechend der genannten Resultate, als funktionale und dysfunktionale Konflikte kennzeichnet (Coser, 1965). Die funktionalen oder ‚positiven' Konflikte integrieren, fördern den Konsens und sind in diesem Sinne in der Lage, die einem Konflikt zugrunde liegenden Probleme zu lösen und funktionelle Strukturveränderungen nach sich zu ziehen. Beispielsweise geht Coser davon aus, dass Konflikte in Gruppen die Möglichkeit bieten, feindseligen Dispositionen freien Lauf zu lassen, was wiederum wie ein Sicherheitsventil wirkt, damit Feindseligkeiten nicht zur Auflösung von Beziehungen zwischen den Antagonisten und in der Folge möglicherweise der gesamten Gruppe führen. In diesem Sinne verändert der Konflikt nicht zwingend Beziehungen, sondern dient möglicherweise ganz im Gegenteil zum Abbau von Spannungen und damit zum Erhalt von Beziehungen. Dies gilt insbesondere dann, wenn der Konflikt dazu führt, dass Feindseligkeit auf ‚Ersatzobjekte' umgelenkt wird und nicht primär auf die Opposition gerichtet ist.

Konflikte mit externen Gruppen bringen es laut Coser in starren sozialen Strukturen, die grundsätzlich durch wenig Toleranz gekennzeichnet sind, mit sich, dass die Stärkung des inneren Zusammenhalts mit einer weiteren Steigerung von Intoleranz nach innen einhergeht, also Dissens innerhalb der Gruppe vermieden oder gar sanktioniert wird. Damit werden sie für die sozialen Strukturen dysfunktional, sie verhindern konsensfähigen Lösungen und haben stattdessen systemdesintegrierende Folgen.

4.2.3 Diskussion

Cosers Konflikttheorie bietet im Vergleich zu der Dahrendorfs den Vorteil, dass gerade die relative Einfachheit des Verständnisses eines sozialen Konflikts (als ein Kampf um einen bestimmten Anspruchsgegenstand) von einer sehr umfangreichen Begriffsarbeit, wie sie Dahrendorfs Konzept verlangt, entlastet. Ein diskussionswürdiger Aspekt der Coserschen Konflikttheorie ist das Verhältnis von Funktion und Dysfunktion. Dass Konflikte sich für ein System, in welchem sie stattfinden, sowohl integrierend als auch desintegrierend auswirken können, ist ein Sachverhalt, den Coser überzeugend darlegt. In diesem Sinne liegt eine theoretische Unterscheidung solcher ‚positiver' und ‚negativer' Konflikte nahe. Wird nun allerdings versucht, empirisch beobachtbare Konflikte auf der Basis von Cosers Unterscheidung in positive und negative zu differenzieren, dann entsteht schon bald die Schwierigkeit, dass ein Konflikt aus einer spezifischen Perspektive durchaus als funktional erscheinen kann, während er aus einer anderen Perspektive als vollkommen dysfunktional bezeichnet werden muss. In diesem Sinne wären die Voraussetzungen, unter denen Konflikte als funktional bzw. dysfunktional bezeichnet werden können, theoretisch zu klären. Coser versucht dies, indem er davon ausgeht, dass Konflikte dann funktional sind, wenn bestimmte Bedingungen gegeben sind, wie z. B. eine für beide Konfliktparteien gültige übergeordnete Norm, die einen Konsens der Konfliktparteien trotz Verlust von Ressourcen ermöglicht, oder eine komplexe Konfliktsituation, die sich nicht nur auf ein Thema beschränkt und damit gewissermaßen Interessenvielfalt

4.2 Konflikt zwischen Funktion und Dysfunktion: Coser

garantiert (Coser, 1965). Doch ist es unwahrscheinlich, dass auch unter solchen Voraussetzungen eine eindeutige Bestimmung von Konflikten, als für das System produktiven oder nicht-produktiven Interaktionen, theoretisch vorgenommen werden kann, da die Zuordnung auch bei gemeinsamen Normen wohl in den meisten Fällen beobachterabhängig sein wird. Daher müsste zumindest in der theoretischen Bestimmung der Standpunkt des Beobachters, aus dessen Sicht die Zuordnung vorgenommen wird, ebenso vermerkt werden wie der Zeitaspekt, vor dessen Hintergrund ein Konflikt als funktional bzw. dysfunktional bewertet wird.

Allerdings lassen sich auch bei Beibehaltung eines bestimmten Beobachterstandpunktes Konflikttypen nicht prinzipiell als funktional oder dysfunktional bewerten, weil die Bewertung von Funktionalität eben immer von der Funktion abhängt, die einem Konflikt in einer bestimmten Situation zugeschrieben wird. Nehmen wir ein Beispiel aus der Praxis von Unternehmen: die Konkurrenz mehrerer Angestellten aus dem mittleren Management einer Abteilung um den Posten der/des Abteilungsleiters~in. Diese Auseinandersetzung kann durchaus funktional im Sinne von Cosers Zuordnung sein, indem nämlich die Konkurrenz der Akteure um den Anspruchsgegenstand ‚Abteilungsleiterposten' zu einem verbesserten Einsatz und einer erhöhten Motivation bei der Erfüllung ihrer Arbeitsaufgaben und damit möglicherweise zu einer Leistungsverbesserung führt. Für ein eingespieltes Team kann eine solche Konkurrenz aber auch dysfunktional sein, da sie eingespielte Routinen durcheinanderbringt, neue Arrangements zwischen den Angestellten erfordert und damit möglicherweise zu einer Leistungsverschlechterung der Abteilung führt. Dies gilt vor allem vor einem kurzfristigen Zeithorizont, denn vor einem langfristigen Horizont mag dieses Aufbrechen von Routinen, wenn es denn zu einer Implementierung effizienterer Kommunikationsmuster und Organisationsstrukturen führt, wiederum durchaus funktional sein. Vor dem Hintergrund dieser Überlegung liegt die Annahme nahe, dass letztendlich jede konfligierende Interaktion sowohl funktionale als auch dysfunktionale Bedeutung für ein System haben kann.

Aus der Auseinandersetzung mit Cosers Konflikttheorie lassen sich folgende Schlussfolgerungen ziehen:

- Coser zeigt sehr anschaulich, dass Konflikt und Kooperation in einem wechselseitigen Verhältnis stehen und eine soziale Funktion erfüllen. Gesellschaftlicher Wandel ist vor diesem Hintergrund ohne Konflikt, aber auch ohne Kooperation nicht möglich.
- Konflikte können sowohl funktionale als auch dysfunktionale Effekte für die Sozialsysteme, in denen sie stattfinden, haben.

- Die Zuschreibung von Konflikten als funktional bzw. dysfunktional kann allerdings nicht zwingend anhand von Faktoren wie starren oder weichen Strukturen vorgenommen werden, da eine ‚positive' oder ‚negative' Bewertung von Konflikten zum einen von der Beobachterperspektive, zum anderen von der einem Konflikt in einer bestimmten Situation zugeschriebenen Funktion abhängt.
- Funktionalität und Dysfunktionalität lassen sich nicht grundsätzlich auf die Art eines Konflikts oder die Art des Systems, in welchem der Konflikt stattfindet, zurückzuführen, sondern vielmehr auf die jeweiligen Konfliktbedingungen, wozu nicht zuletzt auch die Art des Umgangs mit Konflikten zu zählen ist.
- Die Relationierung von Funktionalität und Dysfunktionalität in bestimmten gesellschaftlichen Kontexten hat auch forschungspraktische Folgen: Die Wahl des gesellschaftlichen Kontexts ist ebenso begründungsbedürftig geworden, wie auch die (etwa meta-theoretischen) Forschendenperspektive, aus der die Diagnose ‚Funktionalität' oder ‚Dysfunktionalität' gestellt wird. Dies hat zur Folge, dass aus unterschiedlichen Perspektiven und unterschiedlichen gesellschaftlichen Kontexten Konflikte unterschiedlich bewertet werden können.

4.3 Konflikt als Spiel

Spätestens seit der Verleihung des Nobelpreises für Ökonomie an drei Pioniere der Spieltheorie – John Nash, John Harsanyi und Reinhard Selten – im Jahr 1994, ist die Leistungsfähigkeit spieltheoretischer Analysen bei der Erklärung strategischen Handelns in Konflikten auch einer breiteren Öffentlichkeit bekannt. Gegenstand der Spieltheorie ist nach Holler und Illing (1996, S. 1) „die Analyse von Entscheidungssituationen", deren charakteristische Eigenschaften Interessenkonflikte und/oder Koordinationsprobleme darstellen. Vor dem Hintergrund dieser Definition ist Peter Jost (1998, S. 53) Recht zu geben, der die Spieltheorie als „eine Theorie des sozialen Konflikts" bezeichnet. Die spieltheoretische Befassung mit Konflikten ist durch eine starke Fokussierung auf individuelle, rationale Entscheidungen geprägt. Insofern ist ihr Geltungsanspruch weniger auf die Erklärung von irrationalem, emotionalem Handeln in Konflikten ausgerichtet. Da wir uns in diesem Band vor allem auf soziologische Konflikttheorien fokussieren, beschränken wir uns im Folgenden auf eine Darstellung von grundlegenden spieltheoretischen Modellen der Lehrbuchliteratur zu sozialen Konflikten.

4.3.1 Grundzüge der spieltheoretischen Befassung mit Konflikten

Wie wird der Konflikt in spieltheoretischen Analysen erklärt? Als ein Spiel, in welchem die beteiligen Akteure „nach gewissen Regeln strategische Entscheidungen" treffen (Holler & Illing, 1996, S. 1). Bei der Erklärung des Konflikts aus spieltheoretischer Perspektive werden die Interaktionen der beteiligten Akteure dabei als interdependent behandelt, was bedeutet, dass das Ergebnis des Handelns einer Konfliktpartei nicht nur von der eigenen Entscheidung, sondern auch vom Handeln der anderen an der Interaktion beteiligten Parteien abhängig ist (Jost, 1998, S. 52). Ein Konflikt wird vor dem Hintergrund dieser Annahmen folgendermaßen definiert: Zwei oder mehr Parteien agieren in einer Situation, wobei jede Partei nach ihren eigenen Interessen handelt, die Beziehung zwischen den Parteien interdependent ist und Interessengegensätze zwischen den Parteien bestehen (Dixit & Nalebuff, 1997; vgl. Holler & Illing, 1996, S. 1; Jost, 1998, 11 f., 53).

Der Analyse eines Konflikts liegen folgende Prämissen zugrunde: Rationalität wird als basales Handlungsprinzip angesehen, wobei die Handlungen der Beteiligten auf den größtmöglichen Vorteil, den sie in einer Konfliktsituation erreichen können, ausgerichtet sind. Es wird also davon ausgegangen, dass die beteiligten Akteure rational handeln, „d. h. die jeweiligen Vor- und Nachteile der verschiedenen Handlungsalternativen abwägen und die Entscheidung treffen, die den individuell größten Nutzen für sie erbringt" (Jost, 1998, S. 53). Die ‚rationalen Überlegungen' der Beteiligten zu möglichen alternativen Entwicklungen unter Berücksichtigung gegnerischer Handlungen und deren Auswirkung auf die eigenen Ziele werden in der Spieltheorie mathematisch modelliert. Von zentraler Bedeutung ist dabei, dass sämtliche zur Verfügung stehenden Alternativen berücksichtigt werden.

Kennzeichnend für die spieltheoretische Betrachtung eines Konflikts ist also der Sachverhalt der Reduktion der Konfliktsituation auf das strategische Verhalten der Beteiligten. In diesem Sinne wird ausschließlich die logische Struktur von Konflikten betrachtet, um auf diese Weise generative Mechanismen zu finden, die erklären, weshalb bestimmte Konflikttypen immer wieder in den unterschiedlichsten Interaktionen vorkommen. Die Reduktion auf die Grundstruktur verschiedener Konfliktsituationen soll es somit ermöglichen, die Komplexität der logischen Struktur des Konflikts herauszuarbeiten.

In der Spieltheorie werden unterschiedliche Konfliktformen behandelt. Zunächst wird in diesem Zusammenhang eine Unterscheidung in Orientierung an der Art der von den beteiligten Akteuren verfolgten Interessen getroffen.

Dabei wird zwischen konkurrierenden und kooperativen Interessen unterschieden. In Zusammenhang mit Konflikten, denen ausschließlich konkurrierende Interessen vorliegen, fällt häufig der Begriff des ‚Nullsummen-Spiels'. Ein sogenanntes Nullsummen-Spiel beinhaltet, dass der Verlust eines Akteurs gleichbedeutend mit einem entsprechenden Gewinn des anderen Akteurs ist (vgl. Davis, 1972, S. 21; Neumann & Morgenstern, 1961; Schelling, 1960, 83 f.). Da der Gewinn des einen Spielers gleich dem Verlust des anderen ist und daher nach dem Prinzip des individuellen Nutzens, der individuellen Rationalität gehandelt wird, gibt es in Nullsummenspielen kein gemeinsames Interesse.

Doch Konflikte sind aus spieltheoretischer Sicht eher selten ‚Nullsummen-Spiele'. Konflikte setzen zwar per definitionem konkurrierende Interessen voraus, doch sind sie zumeist dadurch gekennzeichnet, dass die beteiligten Akteure neben konkurrierenden auch kooperative Interessen haben (vgl. Jost, 1998). Im Falle des gleichzeitigen Vorliegens von ineinander verflochtenen kooperativen und konkurrierenden Interessen lässt sich von Spielen mit einer „gemischten Motivation" (Mérö, 1998, S. 146) der beteiligten Akteure sprechen.

Die Informationen, die über die Zusammensetzung der Anteile kooperativer und konkurrierender Interessen in einer Konfliktsituation eruiert werden, sind in spieltheoretischer Perspektive von zentraler Bedeutung für die Modellierung strategischen Verhaltens. Die wohl bekannteste spieltheoretische Modellierung ist das sogenannte ‚Gefangenendilemma' (prisoners dilemma). Das Gefangenendilemma ist unter Konflikten eigentlich als ein Spezialfall einer „sehr viel umfangreicheren Klasse von Situationstypen" (Raub & Voss, 1988, S. 198) anzusehen. Allerdings lässt sich dieser Konflikttypus als paradigmatisches Beispiel für Konflikte ansehen, die eine stabile Struktur bilden (vgl. Axelrod, 1988; Raub & Voss, 1988).

4.3.2 Das Gefangenendilemma als Grundkonflikt

Die Grundform des Gefangenendilemmas wurde bereits in unzähligen Veröffentlichungen beschrieben.[2] Um die grundlegenden Charakteristika ins Gedächtnis zu rufen, soll auch an dieser Stelle eine kurze Beschreibung des Spiels folgen. Diese Beschreibung ist einer Übersetzung des Beispiels von Robert Luce und Howard Raiffa (1957, S. 95) durch Holler/Illing (1996, S. 2) entnommen:

---

[2] Eine sehr anschauliche Anwendung dieses spieltheoretischen Modells ist die Erklärung des Doping-Problems im Spitzensport mithilfe des Gefangenen-Dilemmas (vgl. dazu Bette & Schimank, 1995; Breivik, 1987; Keck & Wagner 1990).

4.3 Konflikt als Spiel

		Gefangener 2	
		Gesteht nicht	Gesteht
Gefangener 1	Gesteht nicht	3,3	1,4
	Gesteht	4,1	2,2

Abb. 4.1 Vierfelder-Matrix des Gefangenen-Dilemmas. (Eigene Darstellung)

„Zwei Verdächtige werden in Einzelhaft genommen. Der Staatsanwalt ist sich sicher, dass sie beide eines schweren Verbrechens schuldig sind, doch verfügt er über keine ausreichenden Beweise, um sie vor Gericht zu überführen. Er weist jeden Verdächtigen daraufhin, dass er zwei Möglichkeiten hat: das Verbrechen zu gestehen oder aber nicht zu gestehen. Wenn beide nicht gestehen, kann, so erklärt der Staatsanwalt, wird er sie wegen ein paar minderer Delikte wie illegaler Waffenbesitz anklagen und sie werden eine geringe Strafe *(z. B. 1 Jahr; die Autoren)* bekommen. Wenn beide gestehen, werden sie zusammen angeklagt, aber er wird nicht die Höchststrafe beantragen *[z. B. 10 Jahre; die Autoren]*. Macht einer ein Geständnis, der andere jedoch nicht, so wird der Geständige nach kurzer Zeit *[z. B. 3 Monate; die Autoren]* freigelassen, während der andere die Höchststrafe *[z. B. lebenslänglich; die Autoren]* erhält".

Das Gefangenendilemma wird in der Regel in Form einer Vierfelder-Matrix dargestellt (siehe Abb. 4.1). In dieser Matrix sind Indizes enthalten, die den jeweiligen Nutzen einer Entscheidung für den einzelnen Spieler wiedergeben. Die Ziffer 1 beschreibt dabei den geringsten, die Ziffer 4 den höchsten Nutzen einer Entscheidungssituation für den jeweiligen Spieler.

Die Frage, die sich nun stellt, ist, welche Handlungsstrategien die beiden Gefangenen wählen sollen. Werden die mit den einzelnen Handlungsalternativen verbundenen Strafen betrachtet, dann wäre für beide Akteure die Ideallösung, jeweils dann zu gestehen, wenn der andere nicht gesteht. In diesem Fall kämen sie nach kurzer Zeit frei. Nicht zu gestehen wäre dann, wenn beide nicht gestehen, die zweitbeste Lösung. Denn werden die Nutzenwerte der Matrix betrachtet, dann zeigt sich die Kombination, in der beide Gefangenen nicht gestehen, als die Kombination, die beiden gleichzeitig den höchstmöglichen Nutzen bringt.

Würden beide Gefangenen nun kooperativ denken, dann wäre zu erwarten, dass beide nicht gestehen, da sie ja hier den für beide gemeinsam besten Effekt erzielen würden.

Nun ist mit Nicht-Gestehen allerdings ein sehr hohes Risiko verbunden. Denn legt der andere wider Erwarten doch ein Geständnis ab, dann führt dies für den, der nicht gesteht, zur Höchststrafe.

Das Problem ist, dass für jeden der beiden die Überlegung, dass der andere doch gesteht, eine durchaus rationale ist, da diese Entscheidung ja prinzipiell den Anreiz einer geringen Strafe eröffnet und eben nicht mit dem Risiko der Höchststrafe verbunden ist. Wird diese Überlegung vorausgesetzt, dann ist es nicht unwahrscheinlich, dass ein Gefangener in der Hoffnung auf den höchsten Nutzen, also die baldige Freiheit, sich für ein Geständnis entscheidet, und gleichzeitig darauf hofft, dass der andere Gefangene, in der Hoffnung auf den für beide gleichzeitig größtmöglichen Nutzen, nicht gesteht.

Denken beide Gefangenen auf diese Weise individuell rational, dann werden beide gestehen. Und da beide Gefangenen gleichzeitig und voneinander unabhängig entscheiden müssen, also nicht einschätzen können, wie sich der andere verhält, ist genau dies in der gegebenen Situation zu erwarten. Auf Kooperation können sich beide Gefangenen nicht verlassen, da es keinen bindenden Vertrag gibt, der beide auf Nicht-Gestehen festlegen würde. Wird nun individuell rationales, vom Eigeninteresse geleitetes Verhalten der Akteure vor dem Hintergrund fehlender Absprache, Unabhängigkeit und des hohen Anreizes eines Geständnisses vorausgesetzt, dann ist also ein ‚Gestehen' die jeweils *dominante Strategie*[3]. Dazu ist anzumerken, dass eine Handlungsalternative einer Konfliktpartei dann als dominante Strategie zu bezeichnen ist, „wenn sie unabhängig von dem Verhalten der anderen Parteien stets eine größere Auszahlung impliziert als jede andere mögliche Handlungsalternative" (Jost, 1998, S. 119). Gestehen verspricht im Gefangenen-Dilemma eben stets eine größere Auszahlung, was für beide Gefangene gilt, weshalb sich jeder, unabhängig von dem, was der andere tut, immer für Gestehen entscheiden wird.

In typischen Konfliktsituationen ist nun davon auszugehen, dass sich die Situation des Gefangenen-Dilemma immer wieder wiederholt. D. h., es handelt sich nicht, wie im klassischen Beispiel, um ein einmaliges Aufeinandertreffen, sondern häufig um ein mehrfaches. Allerdings ist bei einer Wiederholung den Spielern nun die Handlung des jeweils anderen in der vorangegangenen Situation bekannt. Im Gefangenen-Beispiel wüssten z. B. beide Gefangenen, wie sich der jeweils andere bei der letzten Festnahme verhalten hatte und könnte seine Handlungsstrategie diesem Verhalten anpassen. Dabei erweist sich, den Forschungsarbeiten von Robert Axelrod (1988) zufolge, in wiederholten Gefangenen-Dilemmata ein

---

[3] Eine sehr anschauliche Erklärung dominanter Strategien findet sich bei Dixit/Nalebuff (1997).

sogenanntes *Tit-for-Tat* (das auf den Psychologen und Konfliktforscher Anatol Rapoport zurückgeht), als die beste Strategie, den anderen dazu zu bringen, sich für ein Verhalten zu entscheiden, das für beide Beteiligten das gleichermaßen Beste ist. *Tit for Tat* bedeutet, dass sich einer der Beteiligten im jeweils nächsten Aufeinandertreffen immer so verhält, wie der andere vorher. D. h., hat der andere vorher kooperiert, wird auch kooperiert, entschied sich der andere für ein nichtkooperatives Verhalten, wird beim nächsten Mal ein nicht-kooperatives Verhalten gewählt.

Die Analyse der Struktur typischer Konflikte, wie sie in der spieltheoretischen Literatur angewendet wird (vgl. Dixit & Nalebuff, 1997; Holler & Illing, 1996; Jost, 1998), erklärt sehr anschaulich, weshalb die an einem Konflikt Beteiligten trotz scheinbar rationalen Überlegens immer wieder zu Handlungen motiviert werden, die in der gegebenen Situation nicht die optimale Entscheidung darstellen. Damit beschreibt das Gefangenendilemma einen typischen Mechanismus, wie sich Konflikte unter bestimmten Bedingungen stabilisieren, indem konflikthaft gehandelt wird, obwohl kooperatives Handeln für beide Parteien die beste gemeinsame Lösung darstellen würde

4.3.3 Das *Chicken Game* als Beispiel für einen Zwei-Personen-Konflikt mit zwei Strategien

Die Spieltheorie bietet u. a. mit dem Modell des ‚Chicken Game' eine weitere Erklärung an, warum Konflikte so weit gehen können, dass beide Parteien in einer Konfliktsituation den eigenen Untergang in Kauf nehmen, nur um im Konflikt zu gewinnen. Das Chicken Game erläutert im Grunde den Zusammenhang von Risiko und Konfrontation. Es wird oft als Erklärung für Situationen verwendet, in denen sich zwei Parteien in einen Konflikt begeben, bei dem beide versuchen, sich gegenseitig durch eine bestimmte Handlung einzuschüchtern, mit dem Risiko eines möglicherweise fatalen Ergebnisses, falls beide diese Handlung bis zum Ende durchhalten (siehe u. a. Jost, 1998). Modelliert wird das Chicken Game als ein Zwei-Personen-Spiel, bei dem die zwei Spieler sich in einer spezifischen Situation zwischen einer riskanten und einer sichereren Handlungsoption entscheiden müssen. Ein vereinfachtes Beispiel hierfür ist eine Wette, bei der zwei Autos aufeinander zu fahren und derjenige Fahrer, der als erstes ausweicht, die Wette verliert.

Im Chicken-Spiel gibt es drei Ausgänge, abhängig von den Entscheidungen der Spieler (für eine anschauliche ausführliche Erklärung siehe z. B. Spaniel, 2011, S. 100–105).

- Beide Spieler spielen ‚hart', geben also nicht nach. In diesem Fall kommt es zu einer Konfrontation. Im Beispiel der aufeinander zu fahrenden Autos wäre das Ergebnis ein katastrophaler Crash mit vermutlich tödlichem Ausgang für beide.
- Ein Spieler gibt nach, der andere spielt ‚hart'. In diesem Falle würde der Spieler, der nachgibt, also dem anderen Auto ausweicht, die Wette verlieren, also einen Verlust erleiden, während der andere Spieler die Wette gewinnt.
- Beide Spieler geben nach: In diesem Fall wird die direkte Konfrontation vermieden. In Beispiel würden also beide ausweichen, was einen fatalen Crash verhindern würde, allerdings hätte keiner der Spieler gewonnen.

Das Chicken-Spiel kann auf verschiedene Situationen in der realen Welt angewendet werden, wie beispielsweise politische Konflikte oder Verhandlungen. Allerdings wird sich, wenn Interaktionen vor der eigentlichen Spielsituation berücksichtigt werden, die Menge der Handlungsoptionen in den meisten realen Situationen nicht auf ‚hart spielen' oder ‚nachgeben' beschränken. Die Spieltheorie diskutiert hier unter Berücksichtigung der Zeitdimension weitere Optionen (siehe u. a. Sermat & Gregovich, 1966). Ein Beispiel ist die Manipulation des Gegners vor dem eigentlichen Spiel durch Selbstbindung, d. h., dass der Spieler dem anderen klar macht, dass für ihn die Variante ‚Nachgeben' nicht infrage käme, da sie mindestens so kostenreich wäre wie ein fatales Ergebnis, wenn beide hart spielten (dass beispielsweise das Gewinnen der Wette für ihn die einzige Motivation wäre, weiterzuleben). Hart spielen wäre damit eine für den Gegner glaubwürdige dominante Strategie.

4.3.4 Diskussion

Spieltheoretische Konfliktmodellierungen definieren Konflikte als eine interdependente Auseinandersetzung zwischen zwei Akteuren, die Interessen an einem bestimmten Gegenstand, besitzen. Die Spieltheorie ermöglicht es, unter der Annahme der Beteiligung rational handelnder Akteure, bei der Analyse von Konflikten Plausibilitätsargumente durch mathematische Aussagen zu ersetzen. Dies gilt auch für Situationen, in denen die Spieler unvollständige und asymmetrische Informationen über das Eintreten ungewisser Ereignisse und über die spezifischen Eigenschaften ihrer Mitspieler haben.

Um länger andauernde Konflikteskalationen zu fassen, in deren Verlauf gleichzeitig unterschiedliche thematische Interessen (also Konflikttopoi) durch z. T. wechselnde Akteure mit sich im Zeitverlauf verändernder Motivation verfolgt

4.3 Konflikt als Spiel

werden, sind sehr komplexe spieltheoretische Konfliktmodellierungen notwendig. Eskalierende Konflikte zeigen sich im Verlauf häufig nur zu Beginn als eine klar auf *einen* Konfliktgegenstand reduzierbare Auseinandersetzung. Bei Konflikten, die längere Zeit verlaufen, ist dagegen u. a. zu beobachten, dass der anfängliche Gegenstand der Auseinandersetzung immer mehr an Bedeutung verliert und immer mehr Themen in den Konflikt integriert werden. Trotz dieser sich entwickelnden Themenvielfalt wird der Konflikt von den Beteiligten immer aber als ein von anderen Konflikten klar unterscheidbarer einheitlicher Sozialzusammenhang konstruiert. Diese Unterscheidbarkeit ist allerdings aber auch nicht immer an den zu Beginn der Auseinandersetzung beteiligten zwei Akteuren (seien es nun Individuen, Gruppen oder Nationen) festzumachen. Denn bei eskalierenden Konfliktverläufen werden mit zunehmender Dauer eine immer größere Anzahl von Personen in den Konflikt miteinbezogen. Dies führt jedoch nicht etwa dazu, dass die Beteiligten mehrere Konflikte wahrnehmen. Vielmehr wird auch das Handeln aller Mit-Einbezogenen als eine von anderen Auseinandersetzungen klar abgrenzbare, zusammenhängende Gegensätzlichkeit wahrgenommen. Die Komplexität einer solchen Konflikteskalation im zeitlichen Verlauf spieltheoretisch zu erfassen, geht weit über die oben beschriebenen Modellierungen hinaus.

In Auseinandersetzung mit klassischen spieltheoretischen Konfliktmodellen lässt sich festhalten:

- Die spieltheoretische Modellierung von Gefangenen-Dilemma-Situationen eignet sich sehr gut dafür, die Eigendynamik egoistisch-rationalen Handelns darzustellen.
- Mithilfe klassischer spieltheoretischer Erklärungen von archetypischen Konfliktsituationen, die auf das Verhalten von nur zwei rationalen Akteuren bezogen auf ein Konfliktthema abzielen, lassen sich grundlegende Mechanismen einer Stabilisierung von Konflikten und damit zusammenhängend die Wahl kollektiv eher ungünstiger Handlungen überzeugend erklären[4].
- Spieltheoretische Erklärungen komplexer Konfliktverläufe erfordern sehr aufwendige Modellierungen (vgl. hierzu einführend z. B. Tadelis, 2013). Für die Erklärung von Konfliktverläufen, bei denen gleichzeitig unterschiedliche Entscheidungsproblem mehrerer interagierender Personen vorliegen, die jeweils

---

[4] Dies gilt auch z. B. für die in wiederholten isolierten Gefangenen-Dilemma-Situationen optimale Strategie des „Tit-for-Tat". In dem Maße, in dem eskalierte Konflikte zu einer Integration von zusätzlichen Themen und einer Inklusion von mehr Personen führen, wird das Erkennen der jeweils vorangegangenen Handlungen angesichts der vielen integrierten Themen doch zu komplex, als dass in der nächsten Situation exakt so regiert werden könnte, wie der andere in der Situation zuvor.

gegenseitig einen Einfluss auf die möglichen Entscheidungen der jeweils anderen haben, bietet die Spieltheorie verschiedene spezifische Modelle, die es erlauben, unterschiedliche Motivationen zu berücksichtigen und Verhandlungen und/oder Koalitionsbildungen mit einer Vielfalt möglicher Gleichgewichte zu modellieren (einführend siehe Holler & Illing, 1996), auf die an dieser Stelle aber nicht genauer eingegangen werden soll.

4.4 Konflikt als eskalatives Geschehen: Glasl

Eine Zuwendung zu Arbeiten, die sich spezifisch mit der Eskalation von Konflikten auseinandersetzen, führt rasch zu Friedrich Glasl. Glasl lässt sich ohne Zweifel als einer der bedeutendsten europäischen Konfliktforscher bezeichnen. Er war Dozent für Organisationslehre und Konfliktforschung an der Universität Salzburg sowie Berater für Unternehmensentwicklung, verfasste eine Vielzahl von Publikationen zum Konfliktmanagement in Organisationen, Verwaltung und internationaler Politik und war in unterschiedlichen Kontexten, u. a. im Nordirland-Konflikt, als Vermittler tätig. Sein Werk (u. a. 1999), in welchem die heute wohl bedeutendste europäische eskalationstheoretische Analyse enthalten ist, gilt als Standardwerk für Praktiker des Konfliktmanagements. Seine Auseinandersetzung mit sozialen Konflikten in Organisationen und deren Regulierung ist äußerst umfangreich und hat den Anspruch, den Konflikt sowohl theoretisch zu erklären als auch theoretische und praktische Anregungen bei der Bewältigung von Konflikten zu bieten (Glasl, 1999, S. 11).

Wie die Theorien von Dahrendorf und Coser, ist auch die Theorie von Glasl stark auf die gesellschaftliche Meso-Ebene ausgerichtet. Hierbei fokussiert die Theorie Glasls insbesondere auf den Verlauf von sozialen Konflikten und bietet Ansätze zu einem praktischen Umgang mit Konflikten.

4.4.1 Grundzüge der Konflikttheorie Glasls

Glasl definiert einen sozialen Konflikt als „eine Interaktion zwischen Aktoren (Individuen, Gruppen, Organisationen usw.), wobei wenigstens ein Aktor Unvereinbarkeiten im Denken/Vorstellen/Wahrnehmen und/oder Fühlen und/oder Wollen mit dem anderen Aktor (anderen Aktoren) in der Art erlebt, dass im Realisieren eine Beeinträchtigung durch einen anderen Aktor (die anderen Aktoren) erfolge" (Glasl, 1999, 14 f.). Diese auf den ersten Blick etwas verwirrende

4.4 Konflikt als eskalatives Geschehen: Glasl

Definition vermeidet mehrere Umstände, die in den klassischen konfliktsoziologischen Ansätzen als theoretisch problematisch erschienen. So genügt Glasl das bloße Erleben von Unvereinbarkeiten nicht für die Definierung eines Konflikts, vielmehr muss diese in der Handlung zumindest eines Aktors erkennbar sein. Weiterhin lässt die Definition durchaus offen, dass sich die Konfliktgegenstände im Laufe des Konflikts verändern, entscheidend ist die Unvereinbarkeit im Denken, Wahrnehmen, Fühlen oder Wollen.

Glasl beschreibt nun die möglichen Ursachen von Konflikten in seinem Kapitel zur Konfliktdiagnose sehr minutiös. Dabei beschränkt er sich keinesfalls nur auf strukturelle Bedingungen einer Organisation, sondern versucht, die Persönlichkeiten der Konfliktbeteiligten mit in die Ursachenanalyse einzubeziehen. Das Ergebnis dieses Kapitels ist eine Konflikttypologie, die zwischen mikro-, meso- und makrosozialen Konflikten unterscheidet, die in Form von Reibungen, Positionskämpfen oder als Systemveränderungskonflikte ablaufen und sich als formgebundene, formfreie, heiße oder kalte Konflikte zeigen (Glasl, 1999, S. 69).

Im Zusammenhang mit seiner Phänomenologie des Konflikts sind allerdings verschiedene Punkte kritisch anzumerken: Zunächst sind die Kategorien, die sich auf die „Reichweite der Bemühungen" (Glasl, 1999, 65 f.) beziehen, nicht unbedingt trennscharf. Z. B. kann ein ‚Positionskampf' durchaus auch ein ‚Systemveränderungs-Konflikt' sein, indem Positionsverhältnisse fundamental infrage gestellt werden. Ebenso überzeugt die Unterscheidung nicht, wonach ‚graduelle' Positionskämpfe nur als ‚Reibungen' zu bezeichnen sind, eine Ablehnung der Positionen dagegen als wirkliche Positionskämpfe. So impliziert auch der Versuch, die eigene Position graduell zu verbessern, eine Ablehnung gegebener Positionen.

Diese Punkte könnten aus der Fülle der theoretischen Bezüge der Glaslschen Analysen resultieren. Die seiner Konflikttheorie zugrunde liegenden Gesellschaftsmodelle sind eher unklar, die Erklärungen individuellen Handelns sind ebenfalls sehr vieldeutig, was dazu führt, dass auch die verwendeten Begrifflichkeiten (v. a. im Zusammenhang mit der Beschreibung von Gesellschaft im Allgemeinen und Organisationen im Besonderen) teilweise unscharf bleiben.

Weiterhin ist anzumerken, dass es der in erster Linie phänomenbezogene Zugang (z. B. sind Konflikte nach Glasl eben heiß oder kalt, was aber genau dahintersteckt, wird nicht genau erklärt) mit sich bringt, dass bei der Regulierung von Konflikten konsequenterweise für jede unterschiedliche Konfliktform unterschiedliche Regulierungsverfahren gefunden werden müssen. Aus dieser Perspektive ließe sich auch vermuten, dass beim Glaslschen Zugang ein Konflikt erst wahrnehmbar sein müsse, bevor er behandelt werden könne. Dies ist ein gewisser Widerspruch zum durchaus auch existierenden präventiven Anspruch in den Glaslschen Arbeiten zum Konfliktmanagement. So ist davon auszugehen, dass strukturelle Bedingungen bereits Konfliktpotenziale schaffen, die Konflikte provozieren. In dem Maße, in dem bestimmte strukturell vorgegebene Interaktionskonstellationen zu bestimmten Konflikten führen, ist es notwendig, mit der Regulierung bereits vor dem Entstehen von Konflikten zu beginnen, und zwar vor allem auf Strukturen und nicht primär auf Personen gerichtet.

Glasls Typisierung enthält eine ganze Reihe weiterer Unterkategorien. Dies ist zwar nachvollziehbar, doch wird die Konfliktbeschreibung dadurch zu einer sehr komplexen Angelegenheit. Mit Blick auf die Konflikterklärung können Konflikte im Grunde kaum mehr auf wenige gemeinsame generative Mechanismen zurückgeführt werden, notwendig ist vielmehr eine Analyse der Persönlichkeitsstruktur der Beteiligten, der in der betreffenden Organisation gegebenen Bedingungen, der Art des Umgangs miteinander, etc. Eine solche Vorgehensweise steht allerdings in diametralem Gegensatz zur klassisch soziologischen Absicht, nach generativen Mechanismen zu suchen, die (als soziale Bedingungen) hinter Konflikten stehen, unabhängig von den Persönlichkeiten der Beteiligten.

4.4.2 Diskussion

Glasls Werk ist die (zumindest im deutschsprachigen Raum) sicherlich einflussreichste Theorie zur Erklärung der Eskalation von Konflikten. Mit seinen Überlegungen beleuchtet er einen in den Arbeiten Dahrendorfs, Cosers oder vieler Spieltheoretiker nur am Rande beleuchteten Aspekt. Dagegen geht er auf die Frage, welche überindividuellen generativen Mechanismen Deeskalationen zugrunde liegen, eher nur am Rande in den praxisorientierten Anmerkungen zum Konfliktmanagement ein.

Eine zentrale Annahme der Glaslschen Überlegungen ist (in Anlehnung an Schelling), dass bei Konflikteskalationen unterschiedliche Stufen beobachtbar sind, die durch Schwellenwerte oder Wendepunkte getrennt sind. Innerhalb einer Stufe werden so lange nur bestimmte Konfliktmittel angewandt, bis eine Konfliktpartei diese ‚Schwelle' übertritt und eine von den beteiligten Parteien bislang nicht verfolgte Konfliktstrategie einsetzt. Während in der Auseinandersetzung zwischen zwei Diskothekenbesucher~innen bis zu einem bestimmten Zeitpunkt nur verbale Drohungen eingesetzt wurden und sich beide daran hielten, wird mit dem ersten Einsatz von körperlicher Gewalt eine neue qualitative Stufe des Konflikts beschritten, da Gewalt nun für beide erlaubt ist. Solche Schwellen sieht Schelling (1957, 29) als sogenannte „points of no return" an (Abb. 4.2).

4.4 Konflikt als eskalatives Geschehen: Glasl

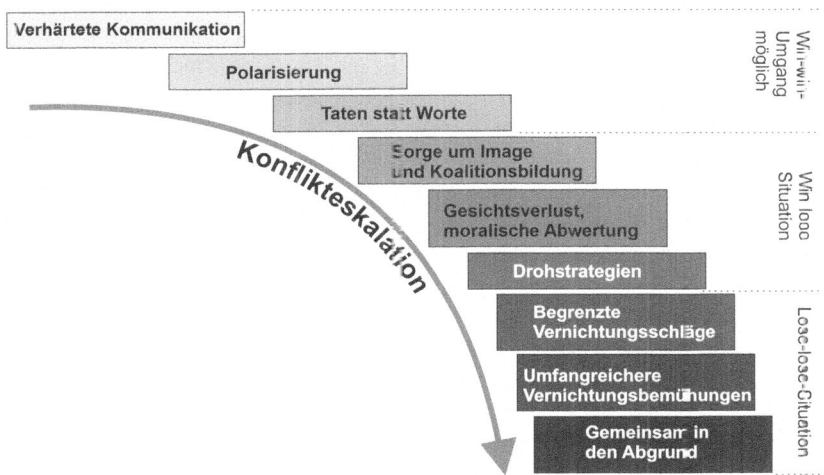

Abb. 4.2 Stufen der Konflikteskalation nach Glasl, Phasen teilweise in aktualisierter Benennung. (Eigene Darstellung nach: Glasl, 2011; unter Zuhilfenahme von: Berr et al., 2022)

Besondere Beachtung verdient in Zusammenhang mit der Erklärung von Konflikteskalationen das Phasenmodell Glasls (1999, S. 215), bei dem er neun Phasen einer Konflikteskalation unterscheidet, die grafisch in Form einer sich abwärts bewegenden Treppe charakterisiert werden. Die Abwärts-Bewegung der Eskalation ist für die Kennzeichnung seines Phasenmodells dabei von großer Bedeutung. Glasl möchte damit zum Ausdruck bringen, dass mit zunehmender Eskalation die Fähigkeit zur Steuerung und Beherrschung des Konflikts zunehmend verloren geht (Glasl, 1999, S. 215).

Glasls Aufteilung des Eskalationsverlaufs in Phasen bietet vor allem für die praktische Arbeit mit eskalierenden Konflikten eine Anleitung für die Reduktion von Komplexität. Damit, dass er neun Eskalationsphasen findet, grenzt er sich von anderen Arbeiten zur Konflikteskalation, wie z. B. von Hermann Kahn (1965) oder von Louis Pondy (1967)[5], ab. Diese neun Phasen müssen allerdings

---

[5] Die Arbeiten Kahns (1965), deren Schwerpunkt im Bereich militärischer Eskalation liegen, oder die Analysen Pondys (1967) zum organisationalen Konflikt werden im vorliegenden Beitrag nicht extra behandelt, da sie in der Ansätzen Glasls (1999) bereits berücksichtigt wurden. Im Falle, dass sie wesentliche Erkenntnisse für den vorliegenden Beitrag bieten, wird an entsprechender Stelle explizit darauf hingewiesen.

nicht zwingenderweise nacheinander erfolgen und implizieren auch nicht unbedingt eine qualitative Zunahme von eingesetzten Konfliktmitteln. Dieser Umstand weist aber auch auf eine gewisse Redundanz des Glaslschen Phasenmodells hin, was sich an folgenden Beispielen verdeutlichen lässt: Die Phasen 5 und 6 bei Glasl („Gesichtsverlust" und „Drohstrategien") könnten in eine Phase („Demaskierung und Drohung") zusammengefasst werden, da „Gesichtsangriffe" (Glasl, 1999, S. 218 für Phase 5) bereits „Drohung und Gegendrohung" (Glasl, 1999, S. 219 für Phase 6) implizieren. Außerdem können Drohstrategien in Konflikten durchaus auch Gesichtsverluste vorausgehen, die eine Phase setzt also nicht die andere zwingend voraus. Gleiches gilt für die Phasen 7 und 8 („Begrenzte Vernichtungsschläge" und „Zersplitterung"). In diesem Sachverhalt kommt das Problem zum Ausdruck, dass Glasls Systematik eine deskriptive und nicht explizit theoretisch abgeleitete ist. Damit bleibt die Kategorisierung zumindest in Teilen beliebig.

Die Glaslschen Konfliktanalysen sind vermutlich auch deshalb so einflussreich, weil sie sehr anschaulich sind. Aus konfliktsoziologischer Sicht fallen allerdings auch begriffliche Mehrdeutigkeiten und ein eher wenig systematischer Blick auf Strukturen der Sozialsysteme, in denen Konflikte auftreten, auf. Aus seinen äußerst reichhaltigen Arbeiten lassen sich für die Konfliktsoziologie folgende Folgerungen ableiten:

- Eine sehr komplexe phänomenologische Konflikttypisierung, wie sie Glasl vornimmt, ist vor allem mit Blick auf eine praxisnahe Beschreibung von Konflikten hilfreich (auch wenn sie konfliktsoziologisch gesehen den Nachteil hat, dass die Rückbindung von Konflikten auf wenige abstrakte generative Mechanismen dadurch eher erschwert wird).
- Auch wenn Konflikte aus soziologischer Perspektive auf personübergreifende strukturelle Ursachen zurückgeführt werden, darf, wie es Glasl in seinen vielen Beispielen anschaulich darlegt, die Rolle von Personen als Konflikttreibern nicht außer Acht gelassen werden.
- Eine sehr differenzierte Kennzeichnung von Phasen der Konflikteskalation, wie sie bei Glasls zu finden ist, hat vor allem für das praktische Konfliktmanagement den Vorteil, eine sehr anschauliche Analyse- und Orientierungsmatrix zu bieten (auch wenn sie auch die Gefahr einer gewissen Redundanz birgt).
- Glasls Modell veranschaulicht in überzeugender Weise, dass die Deeskalation von Konflikten mit zunehmender Eskalationsstufe immer schwieriger wird, da der Anreiz für eine Einigung zwischen Konfliktparteien oder einen Ausstieg aus dem Konflikt immer geringer wird.

4.5 Konflikt als soziales System: Luhmann

Erfolgt eine Befassung mit Analysen, in welchen der Konflikt als ein soziales System konstruiert wird, dann stößt man zwangsläufig auf Niklas Luhmann, der im Grunde als ‚Vater' dieses Zugangs angesehen werden muss.

Niklas Luhmann war nach Jura-Studium und u. a. Tätigkeiten als Verwaltungsbeamter am Oberverwaltungsgericht Lüneburg und Landtagsreferent im niedersächsischen Kultusministerium von 1968 bis 1996 Professor für Soziologie an der Universität Bielefeld. Er gilt als der wichtigste Vertreter der soziologischen Systemtheorie überhaupt. Luhmann publizierte unzählige Bücher und Aufsätze zu unterschiedlichsten soziologischen Themen; der enorme Gewinn seiner Arbeit für die Sozialwissenschaft zeigt sich nicht zuletzt in der Breite der Rezeption seines Ansatzes, nicht nur in der Soziologie, sondern weit über die Grenzen seiner eigenen Disziplin hinaus.

Niklas Luhmann kritisierte im Jahr 1984: „Manches spricht dafür, dass die Konflikttheorie heute selbst zu sehr in Konflikt mit anderen theoretischen Bemühungen geraten ist und dadurch ihre eigene Entwicklung selbst behindert hat. Wir schlagen einen Neubeginn vor – nicht als Alternative zu, sondern auf der Basis von Systemtheorie" (Luhmann, 1984. S. 529).

Die theoretischen Überlegungen Luhmanns sind – im Gegensatz zu den übrigen in diesem Kapitel vorgestellten Theorien – nicht auf die Mikro- bzw. insbesondere die Mesoebene beschränkt, sondern umfasst auch die gesellschaftliche Makroebene. Zudem ist sie nicht auf gesellschaftliche Akteure ausgerichtet, sondern auf Kommunikation. Ihr Einfluss war im Vergleich zu anderen theoretischen Arbeiten Luhmanns deutlich geringer, allerdings sind eine Reihe an außerordentlich interessanten Arbeiten zum sozialen Konflikt, wie z. B. von Bonacker, 2002; Hug, 1997; Nollmann, 1997; Simon, 2022, entstanden, die sich entweder auf das Luhmannsche Theoriekonzept beziehen oder sich damit auseinandersetzen.

Da die Luhmannsche Systemtheorie sich nicht allein konzeptionell, sondern auch terminologisch deutlich von den übrigen vorgestellten Theorien unterscheidet (es lässt sich auch allgemeiner sagen: von der übrigen sozialwissenschaftlichen Theoriebildung), werden wir im Folgenden zunächst einige grundlegende Bemerkungen dazu machen.

4.5.1 Die Luhmannsche Systemtheorie – einige grundlegende Bemerkungen

Die Systemtheorie von Niklas Luhmann ist eine, vor allem im deutschsprachigen Raum, sehr einflussreiche soziologische Theorie. Luhmann charakterisiert Gesellschaft folgendermaßen: „Eine Gesellschaft ist ein soziales System, das alle sozialen Operationen einschließt und alles andere ausschließt. Dieses System ist auf der Ebene der eigenen Operationen operativ geschlossen. Das heißt: (1) Es reproduziert eigene Operationen ausschließlich im Netzwerk und durch das Netzwerk eigener Operationen und grenzt sich dadurch von einer nicht dazugehörigen Umwelt ab. (2) Die Operationen, die das Sozialsystem Gesellschaft reproduzieren (= aus eigenen Produkten produzieren), sind Kommunikationen. (3) Das System der modernen Gesellschaft ist durch funktionale Differenzierung charakterisiert" (Luhmann, 2002, S. 13).

Thiel und Tangen (2015, S. 72–73) zufolge hebt sich die Systemtheorie von anderen soziologischen Ansätzen durch mindestens drei grundlegende Annahmen ab:

- *Erstens* ist die Methodologie der Systemtheorie „radikal anti-humanistisch, radikal anti-regional und radikal konstruktivistisch" (Luhmann, 1997, S. 12). Sie verwendet nicht mehr den Begriff von Objekten, sondern von Unterscheidungen (1997, S. 28). Dabei steht der Beobachter im Mittelpunkt, der durch das Schema seiner Beobachtungen und die verwendeten Unterscheidungen definiert wird (Luhmann, 1997, S. 83). Der blinde Fleck oder die Kontingenz einer Beobachtung kann nur aus der Perspektive eines Beobachters zweiter Ordnung reflektiert werden (z. B. eines Sozialwissenschaftlers).
- *Zweitens* ist „das System der Gesellschaft [...] nicht durch eine spezifische ‚Natur', geschweige denn eine spezifische Moral gekennzeichnet, sondern allein durch die Operation, die die Gesellschaft produziert und reproduziert: die Kommunikation" (Luhmann, 1997, S. 35). Durch Kommunikation konstituiert das soziale System seine Elemente und seine Grundoperationen für sich selbst (Luhmann, 1984, S. 25, 1986, 1990). Es produziert, reproduziert und organisiert die Elemente, aus denen es besteht. Alles, was als Element funktioniert, kann nicht unabhängig vom System bestimmt werden. Im Gegensatz zu einem alltäglichen Verständnis von Kommunikation, betrachtet die Systemtheorie Kommunikation nicht als einfache Sender-Empfänger-Relation, sondern als Verarbeitung von Selektionen (Luhmann, 1984, S. 194), und zwar den drei integralen Selektionen: Information, Nachricht und Verstehen (1984, S. 196).

4.5 Konflikt als soziales System: Luhmann

- *Drittens* ist das universelle Medium aller psychischen und sozialen Systeme der Sinn (Luhmann, 1997, S. 23) Sinn bildet die Grenze zwischen einem System und seiner Umwelt. Die Unterscheidung zwischen System und Umwelt ermöglicht es, das Individuum als Teil einer komplexen sozialen Umwelt zu begreifen. Die Umwelt ist im Vergleich zum System das eigentliche Feld der Differenzierung, und weist eine höhere Komplexität und weniger geregelte Ordnung auf (Luhmann, 1984, S. 289).

Soziale Systeme existieren auf verschiedenen Ebenen sozialer Beziehungen (Willke, 1993a, b): Gesellschaft (funktionale Teilsysteme wie Wirtschaft, Recht, Politik usw.), Organisation (Vereine, Unternehmen etc.) und Interaktion (Familie, Arbeitsplatz, Freundeskreis, Online-Communities). Nach Thiel und Tangen (2015, S. 73–74) haben soziale Systeme, wie sie in der soziologischen Systemtheorie nach Luhmann (u. a. 1984) verstanden werden, die allgemeine Funktion, die Komplexität der Welt zu reduzieren: Soziale Systeme schaffen ‚Regelmäßigkeiten' zwischen Individuen, damit diese trotz ihrer Individualität an andere Individuen anschlussfähig handeln können (Luhmann, 1984). Die Strukturen sozialer Systeme, auch als ‚Erwartungsstrukturen' bezeichnet, steuern die Wahrnehmung durch Selektion. Sie verleihen der Kommunikation in einem bestimmten sozialen Kontext Bedeutung, indem sie ein bestimmtes Verständnis von Kommunikation einschließen, während alle anderen möglichen Verständnisse ausgeschlossen werden. Diese Selektion von Bedeutungen macht soziale Situationen vorhersehbar. Für Luhmann sind soziale Systeme autopoietische Systeme, ähnlich wie kognitive oder biologische Systeme (Luhmann, 1984, 1995). Autopoietische Systeme operieren autonom, beziehen zwar Energie aus ihrer Umwelt, sind jedoch organisatorisch und informationell geschlossen, sind selbstreferentiell und produzieren ihre eigenen Elemente und Strukturen. Sie sind in der Lage, sich selbst zu reproduzieren und gleichzeitig mit ihrer Umwelt zu interagieren, können aber nicht von Umwelteinflüssen determiniert, sondern lediglich irritiert werden. Der Zustand eines Systems wird also durch das System selbst und nicht durch seine Umgebung erzeugt. Systeme beobachten ihre Umwelt selektiv und konstruieren für diese Beobachtungen eine Bedeutung auf der Grundlage ihrer eigenen Strukturen. Nachhaltige Beziehungen zwischen System und Umwelt entstehen auf Basis struktureller Kopplung, was bedeutet, dass die jeweiligen Systeme Erwartungsstrukturen entwickeln, die sie für spezifische Irritationen empfänglich machen.

4.5.2 Grundzüge der Luhmannschen Konflikttheorie

Um theoretische Probleme vorangegangener konflikttheoretischer Arbeiten zu vermeiden, beschreibt Niklas Luhmann den Konflikt in neutraler Weise als einen Anwendungsfall sozialer Kommunikation unter vielen anderen und vermeidet eben gerade deshalb sowohl, den Konflikt als einen grundlegenden, für sozialen Wandel verantwortlichen sozialen Tatbestand herauszustellen (wie es z. B. bei Dahrendorf zu finden ist), als auch, ihm normativ positiv/negativ-Unterscheidungen zuzuschreiben (was bei Coser als Funktion/Dysfunktion bezeichnet wird).

Luhmann geht in seinen konflikttheoretischen Überlegungen von folgender Definition aus: „Von Konflikten wollen wir immer dann sprechen, wenn einer Kommunikation widersprochen wird. Es könnte auch folgendermaßen formuliert werden: wenn ein Widerspruch kommuniziert wird" (Luhmann, 1984, S. 530). Er verortet den Konfliktbegriff in diesem Sinne auf der Basis des seiner Theorie selbstreferentieller Systeme zugrunde liegenden Kommunikationsbegriffs. Ein Konflikt ist dabei eine mitgeteilte Ablehnung, ein in der Anschlusskommunikation kommuniziertes „Nein", mit dem auf eine vorherige Kommunikation geantwortet wird (vgl. Willke, 1993a, S. 99).

Das Entscheidende an Luhmanns Definition ist, dass nur die Äußerung des Widerspruchs als Konflikt bezeichnet wird. Der Vorteil dieser definitorischen Entscheidung liegt darin, dass im Gegensatz z. B. zur Konfliktdefinition Dahrendorfs, der auch latente, d. h. nicht beobachtbare Interessensgegensätze als Konflikte auffasst, der Konfliktbegriff damit auf einen präzisen und empirisch fassbaren Kommunikationsvorgang bezogen wird: „auf ein kommuniziertes ‚Nein', das eine vorherige Kommunikation beantwortet" (Luhmann, 1984, S. 530). Diese Definition bietet weiterhin den Vorteil, dass qua Definition keine Ausschließung von alltagssprachlich als Konflikte bezeichneten Interaktionen vorgenommen werden muss.

Um deutlich zu machen, dass ein Konflikt nur dann auftritt, wenn ein Widerspruch kommuniziert wird, spricht Luhmann von „sofern er es sagt" (Luhmann, 1984, S. 530). Mit dieser Aussage schränkt er allerdings (vermutlich ungewollt) den kommunizierten Widerspruch auf die verbale Ablehnung einer kommunizierten Erwartung ein. Die ausschließliche Reduktion auf verbale Ablehnungen würde bedeuten, dass eine Reihe von nonverbal geführten Konflikten, z. B. kriegerische Auseinandersetzungen, Prügeleien, bestimmte Beziehungsstreitigkeiten, eben nicht als Konflikte zu bezeichnen wären, obwohl es sich um kommunizierte Ablehnungen handelt. Soll Luhmanns Definition auch für nonverbale Ablehnungen gelten (was im Grunde ja auch der Fall ist, denn sie bezieht sich ja explizit

4.5 Konflikt als soziales System: Luhmann

auf sämtliche in der Umgangssprache als Konflikte bezeichneten soziale Phänomene), dann gilt es also, die Kommunikation des Widerspruchs weiter zu fassen, also auch auf die Möglichkeit einer nonverbal kommunizierten Ablehnung zu beziehen. Die Ablehnung kann durchaus schwach oder stark, leise oder vehement kommuniziert werden, sie ist immer als kommunizierter Widerspruch einer vorausgehenden Kommunikation und damit als Konflikt zu verstehen.

Für die Notwendigkeit der Integration sowohl verbaler als auch nonverbaler Ablehnungen gibt es unzählige empirische Beispiele. Nehmen wir als einfaches Exempel eine Auseinandersetzung zweier Kinder in einem Sandkasten um eine Schaufel. Die Situation, in welcher ein Kind das andere um die Schaufel bittet, diese aber nicht bekommt, weil das andere Kind selbst graben will, ist ebenso als Konflikt zu bezeichnen, wie die Situation, in welchem das erste Kind dem zweiten Kind, das ihm die Schaufel nicht geben will, diese einfach entreißt. Lautet die Kommunikation in der ersten Situation möglicherweise: *„Gib mir die Schaufel"* – *„Nein"*, würde die Kommunikation im zweiten Fall, bei der die Ablehnung nicht sprachlich, sondern in Form einer körperlichen Auseinandersetzung abläuft, sich in Sprache übersetzt z. B. so anhören: *„Doch!"*. Das Prinzip verbaler und nonverbaler Ablehnung ist also dasselbe. In beiden Fällen handelt es sich um kommunizierte Widersprüche, um die Ablehnung der vorausgehenden Kommunikation, unabhängig davon, ob sie nun verbal oder nonverbal kommuniziert wurde.

Wird nach den Prämissen eines Konflikts gefragt, dann ist insbesondere darauf hinzuweisen, dass die Kennzeichnung eines Konflikts als emergente Einheit zweier aneinander anschließender Kommunikationen von einer vor allem in der psychotherapeutischen Literatur häufig anzutreffenden Annahme, dass in Konflikten Kommunikation versage, abzugrenzen ist. Vor dem Hintergrund der skizzierten systemtheoretischen Konstruktion des Konfliktbegriffs sind Konflikte eben *kein* Versagen von Kommunikation, worauf Luhmann explizit hinweist. Sie dienen vielmehr „gerade der Fortsetzung der Kommunikation durch Benutzung einer der Möglichkeiten, die sie offen hält: durch Benutzung des Nein" (Luhmann, 1984, S. 530). Daraus folgt, dass die einzigen Konfliktprämissen letztendlich die eines Dissens mit der vorangegangenen Kommunikation bzw. die Absicht eines strategischen Widerspruchs sind.

4.5.3 Konflikt als Kommunikation

Um Luhmanns theoretischen Ansatz zur Kennzeichnung von sozialen Konflikten zu verstehen, ist genauer auf sein Verständnis von Kommunikation einzugehen.

Wie oben bereits angesprochen, ist Kommunikation nach Luhmann ein „Prozessieren von Selektion" (Luhmann, 1984, S. 194). Sie ist als eine dreistellige Einheit aufzufassen, worunter zu verstehen ist, dass drei Selektionen zusammengebracht werden müssen, damit Kommunikation als ein emergentes Geschehen zustande kommt. Bei diesen drei Selektionen handelt es sich um Information, Mitteilung und Verstehen (Luhmann, 1984, S. 196). Information beinhaltet die Auswahl dessen, was aus einer unendlichen Reihe von Möglichkeiten kommuniziert werden soll. Mitteilung bedeutet, dass der Sender der Information (von Luhmann „alter" genannt) ein Verhalten wählen muss, um dem Empfänger („Ich") die Information mitzuteilen[6]. Verstehen heißt, dass der Empfänger („Ego") den Unterschied zwischen der Information (dem Informationswert einer Nachricht) und der Art und Weise der Kommunikation (den Gründen, warum eine Nachricht auf eine bestimmte Weise übermittelt wurde) re-konstruieren muss. Das Verstehen bildet die Grundlage für nachfolgende Kommunikation (Luhmann, 1984, S. 198).

Im Hinblick auf die Frage danach, wie sich ein Prozessieren von Kommunikation zeigt, findet sich bei Paul Watzlawick, Janet H. Beavin und Don D. Jackson (1996) eine Unterscheidung, die gerade für eine Erklärung von Konflikten sehr hilfreich sein kann, wenn sie mit Luhmanns Definition verbunden wird. Die in einem Kommunikationsangebot enthaltene Information lässt sich nämlich nach Watzlawick/Beavin/Jackson in eine Inhaltsebene und eine Beziehungsebene differenzieren.

Zum Tragen kommt diese Doppelbödigkeit von Kommunikation sowohl bei der Mitteilung als auch beim Verstehen. Es gilt nämlich einerseits einen ‚Inhalt' der Kommunikation, also das, was ich sagen will, zu übermitteln, andererseits muss das gewählte Mitteilungsverhalten auch die Beziehung zwischen Sender und Empfänger aus der Sicht des Senders ausdrücken (Watzlawick et al., 1996). D. h., dass der Kommunizierende für seine Mitteilung ein bestimmtes, der Beziehung zwischen den Kommunikationspartnern angemessenes Verhalten wählen muss. Diese bei Luhmann nicht explizit erwähnte Unterscheidung in Inhalt und Beziehung drückt aus, dass Mitteilung einerseits z. B. sprachlich codierte ‚Daten', andererseits eine Art ‚Metainformation' enthält, die ausdrückt, wie die Daten in der Beziehung zwischen ego und alter aufzufassen sind. Dies ist deshalb von Bedeutung, weil dieselbe sprachliche Codierung je nach Beziehung von Ego zu Alter vollkommen unterschiedliche Bedeutungen haben kann. Colin Cherry

---

[6] Den Empfänger der Mitteilung als „ego", den Mitteilenden als „alter" zu verstehen, ist, wie Luhmann betont, ungewöhnlich. Diese Entscheidung erleichtert aber die Erklärung des Sachverhalts, dass Kommunikation nur zustande kommt, wenn die Differenz zwischen Information und Mitteilung „beobachtet, zugemutet, verstanden und der Wahl des Anschlussverhaltens zugrunde gelegt wird" (Luhmann, 1984, S. 196).

4.5 Konflikt als soziales System: Luhmann

(1967, S. 169) zeigt diesen Sachverhalt sehr eindrücklich am Beispiel des Satzes „Glauben Sie, dass das genügt" auf. Dieser Satz kann, den Analysen Cherrys zufolge, je nach Betonung der Worte fünf verschiedene Bedeutungen haben, was derjenige, der die Mitteilung verstehen soll, berücksichtigen muss.

Zur Unterscheidung von Inhalts- und Beziehungsebene von Kommunikation ist anzumerken, dass der Inhaltsaspekt der Mitteilung in der Regel digital, der Beziehungsaspekt analog codiert ist. Dabei bedeutet digitale Codierung, dass eine Unterscheidung in Form einer nominalen Bezeichnung, d. h. einem Wort oder einer Zahl eingeführt wird, deren Beziehung zum Objekt auf einer semantischen Übereinkunft beruht (Watzlawick et al., 1996, S. 62). Analoge Codierung bedeutet wiederum, dass die eingeführte Unterscheidung auf einer Vokalisierung, Ausdrucksbewegung oder einem Stimmsignal beruht, die im gesellschaftlichen Kontext gültige Beziehungssemantiken ausdrücken (vgl. Watzlawick et al., 1996, S. 66). So vermittelt eine geballte, ausgestreckte Faust dem Satz „Ich komme gleich" etwas Drohendes, der ausgestreckte Mittelfinger wird als obszöne und als beleidigende Geste angesehen oder eine aggressive Betonung verschafft demselben Satz eine vollkommen andere Bedeutung als eine liebevolle.

Im Hinblick auf das Verstehen einer Kommunikation resultiert aus der Einführung der Unterscheidung von Inhalts- und Beziehungsaspekt einer Kommunikation, dass Luhmanns Definition des Verstehensbegriffs im Sinne einer selektiven Rekonstruktion der Information einer Kommunikation auf der Basis der Unterscheidung von Information und Mitteilungsverhalten modifiziert werden muss. So muss der Empfänger bei der Rekonstruktion von Information eine bestimmte Beziehung unterstellen, um die Information der Kommunikation rekonstruieren zu können. Verstehen ist damit als *kognitive Erzeugung von Information auf der Basis der Differenz von Inhalts- und Beziehungsaspekt der Mitteilung* aufzufassen. Diese Leistung setzt allerdings weitgehend einheitliche Lebensdeutungen voraus, d. h. die Kenntnis von Übereinkünften, wie Informationen als Mitteilungen digital und analog codiert werden können. Verstehe ich die Sprache nicht, in welcher der Inhalt einer Mitteilung codiert wird, dann kann ich das Selektionsangebot Alters nur über die Recodierung analoger Signale deuten. Ist mir weder die Sprache noch die Semantik von Betonungen und Ausdrucksbewegungen bekannt, dann kann ich den Selektionsvorschlag Alters nicht verstehen. Verstehen ist aber von zentraler Bedeutung für Anschlusskommunikation. So impliziert jede an eine vorhergehende Kommunikation anschließende Kommunikation die Prüfung, ob die vorhergehende überhaupt verstanden wurde. Anschlusskommunikation macht damit sichtbar, ob Ego den vorausgehenden

Selektionsvorschlag alters so verstanden hat, wie es dieser mit seiner Mitteilung intendierte.[7]

Die Erweiterung der Kennzeichnung von Kommunikation durch die beschriebene Unterscheidung von Inhalt und Beziehung ist deshalb für eine Erklärung von Konflikten bedeutsam, weil bei dem Prozess der Entscheidung, einen Widerspruch zu kommunizieren oder nicht, davon auszugehen ist, dass dieser von der Beziehung, in welcher die beiden Kommunikationspartner stehen, entscheidend mit bedingt wird. Damit lässt sich diese Differenzierung sehr gut an die Annahme der handlungsleitenden Funktionen von Strukturen eines sozialen Systems anschließen und würde auch die Wirkung von strukturbedingten Konfliktpotenzialen auf die Entstehung eines Konflikts erklären.

Wird die Kennzeichnung eines *Konfliktprozesses* bei Luhmann betrachtet, dann ist zunächst darauf hinzuweisen, dass Konflikte als *soziale Systeme* bezeichnet werden. Luhmann weist darauf hin, dass für den Konflikt also zwei Kommunikationen vorliegen müssen, die einander widersprechen. „Die Einheit der Sinnform Widerspruch synthetisiert zwei Kommunikationen, die jeweils ihrerseits soziale Synthesen dreier Selektionen sind, und der Konflikt übernimmt für eine Weile die Autopoiesis, die Weiterführung der Kommunikation" (Luhmann, 1984, S. 530).

4.5.4 Konflikte als soziale Systeme

Hinter der Kennzeichnung von Konflikten als soziale Systeme steht die oben genauer erläuterte Systemdefinition Luhmanns, der soziale Systeme als „aus Kommunikationen und aus deren Zurechnung als Handlung" (Luhmann, 1984, S. 240) bestehend bezeichnet.[8] Soziale Systeme sind also Kommunikationszusammenhänge, wobei Handlung als ein der Person zurechenbarer Spezialfall von Kommunikation zu verstehen ist. Letzteres leuchtet ein, wenn bedacht wird,

---

[7] Rekonstruiert alter aus der Mitteilung egos in der Anschlusskommunikation, dass dieser ihn nicht „in seinem Sinne" verstanden hat, dann kann dies z. B. zur reflexiven Kommunikation über Kommunikation, zur Prüfung von „Missverständnissen" führen. Eine solche reflexive Kommunikation stellt nicht den Regelfall dar, da Kommunikation häufig so gestaltet wird, „dass man erwarten kann, verstanden zu werden" (Luhmann, 1984, S. 199). Dennoch gilt, dass eine Aussage über Verständnis oder Missverständnis durch alter immer erst auf der Basis einer Betrachtung der Anschlusskommunikation, des Anschlussverhaltens, möglich ist.

[8] Soziale Systeme finden sich auf allen Ebenen sozialer Beziehungen; in Form von Dyaden, Gruppen, Organisationen, gesellschaftlichen Teilsystemen, Gesellschaft oder internationalen Systemen (Willke, 1993b, S. 3).

4.5 Konflikt als soziales System: Luhmann

dass der soziale Verkehr immer Ein- und Ausschließungen impliziert. Handlungen und die Motive von Handelnden zu untersuchen, bedeutet daher, dass nur das im sozialen Verkehr Eingeschlossene beobachtet wird. Erklärt werden kann damit aber nicht, weshalb fast alle möglichen Handlungen und Interaktionen nicht zustande kommen (vgl. dazu Luhmann, 1997, S. 36–40). Denn eine bestimmte in einer Interaktion vollzogene Handlung ist immer nur ein winziger Teil einer an sich prinzipiell unbegrenzten Menge möglicher Handlungen in dieser Interaktion. Mit der Verwendung des Kommunikationsbegriffs kommt aber auch das im sozialen Verkehr Ausgeschlossene in den Blickwinkel. Das Nicht-Gesagte, das Nicht-Gewusste ist zum einen häufig Anlass für Kommunikation, denn wir müssen etwas nicht wissen, um Information aufnehmen zu können und wir müssen ebenso einschätzen können, was der andere nicht weiß, also als Information braucht. Zum anderen lebt Kommunikation vom ungleich verteilten Wissen/Nicht-Wissen. Dies nicht nur deshalb, weil jeder Teilnehmer abschätzen muss, was überhaupt nicht gewusst werden kann, um zu vermeiden, Unsinn zu produzieren, sondern auch gerade deshalb, weil Wissen prinzipiell immer auch eine andere Seite des Nicht-Gewussten impliziert (Luhmann, 1997, 39 f.).

Der Blick auf die Kennzeichnung sozialer Systeme bei Niklas Luhmann macht nun allerdings auch eine Unschärfe der Luhmannschen Konfliktdefinition deutlich. Denn sollen Konflikte tatsächlich als soziale Systeme konstruiert und damit zugleich ihrem prozessualen Charakter gerecht werden, dann reicht die Luhmannsche Definition des Konflikts als eines ‚kommunizierten Widerspruchs' nicht aus. Diese Begriffsdefinition ist sogar eher verwirrend, da sie keine prozessuale Komponente beinhaltet.

Sollen Konflikte, wie es Luhmann explizit fordert, als ‚soziale Systeme' aufgefasst werden, dann muss seine Definition deshalb erweitert werden: So kennzeichnet die Definition des Konflikts als eines kommunizierten Widerspruchs nur ein aus zwei Kommunikationen bestehendes Interaktionssystem. Konflikte, die länger dauern, sind dagegen wesentlich mehr als ein kommunizierter Widerspruch. Sie zeigen sich vielmehr als regelrechte Ketten kommunizierter Widersprüche. Aus diesem Grunde ist Luhmanns Konfliktdefinition dahingehend zu modifizieren, dass Konfliktsysteme (entsprechend seiner systemtheoretischen Definition sozialer Systeme) als durch einen *Zusammenhang kommunizierter Widersprüche* gekennzeichnet aufzufassen sind.[9]

---

[9] Auf Unschärfen der Luhmannschen Definition wird auch in der bemerkenswerten, ebenfalls systemtheoretisch basierten Arbeit Nollmanns hingewiesen (1997, 102 ff.).

Mit der von Luhmann vorgeschlagenen systemischen Kennzeichnung von Konflikten lassen sich einige theoretische Probleme, die sich in den oben besprochenen Arbeiten zum Konflikt zeigten, aufklären. Die theoretische Entscheidung, Konflikte nicht an Handlungen bzw. an Akteuren festzumachen, wird z. B. dem bereits in der Auseinandersetzung mit spieltheoretischen Arbeiten erwähnten Phänomen gerecht, dass sich Konflikte häufig nur zu Beginn als eine klar auf einen Konfliktgegenstand reduzierbare Auseinandersetzung zeigen und häufig auch nur zu Beginn an zwei fixen Akteuren (seien es nun Individuen, Gruppen oder Nationen) festzumachen sind. In länger andauernden Konflikten werden vielmehr weitere Themen integriert und weitere Personen inkludiert, was aber keinesfalls zwangsläufig dazu führt, dass die Beteiligten mehrere Konflikte wahrnehmen, sondern der Konflikt wird, wie bereits erwähnt, trotz allem als eine bestimmte von anderen Auseinandersetzungen als abgrenzbar wahrgenommene Gegensätzlichkeit identifiziert. Und die Bezeichnung dieser Gegensätzlichkeit durch die Konfliktbeteiligten muss dabei nicht mit dem tatsächlichen Konfliktphänomen übereinstimmen. Entscheidend ist vielmehr, dass die Konfliktbeteiligten übereinstimmend eine bestimmte Gegensätzlichkeit als einen für das System selbst gültigen Kommunikationszusammenhang wahrnehmen. Für die Konfliktbeteiligten macht sich die wahrgenommene Gegensätzlichkeit dann übereinstimmend z. B. an zwei Individuen oder einem Gegenstand fest, obwohl ein externer Beobachter wesentlich mehr Personen als Konfliktbeteiligte und wesentlich mehr als nur einen Konfliktgegenstand erkennen kann.

4.5.5 Diskussion

Luhmanns Überlegungen zu einer Theorie sozialer Konflikte sind vergleichsweise kurzgehalten, weshalb bestimmte Fragen, wie z. B., ob es systematische ‚Provokationen' von Erwartungsdifferenzen in bestimmten Kommunikationssituationen gibt, allenfalls am Rande angesprochen werden. Wenig thematisiert werden entsprechend auch die in bestimmten sozialen Systemen strukturell vorgegebenen Konflikt*potenziale*. Vor dem Hintergrund der Erkenntnisse vor allem der ‚Konflikttheorie-Klassiker' Dahrendorf und Coser spricht aber sowohl theoretisch als auch empirisch vieles dafür, dass Konflikte, die sich in vergleichbaren sozialen Systemen vom Prinzip her immer wieder wiederholen (unabhängig, welche Personen beteiligt sind), eben durch Konfliktpotenziale im Sinne strukturell vorgegebener Erwartungsdifferenzen provoziert werden.

4.5 Konflikt als soziales System: Luhmann

In Luhmanns Konfliktanalyse wird weiterhin nur am Rande auf die Eskalation von Konflikten eingegangen. So wird von Luhmann zwar an verschiedenen Stellen auf die Ausbildung von Konfliktstrukturen und damit verbunden auf die Entwicklung einer Eigendynamik der Gegensätzlichkeit in Konflikten hingewiesen. Nicht explizit thematisiert werden allerdings die Bedingungen und die typischen Verläufe einer eskalatorischen Dynamik von Konflikten. Die Kennzeichnung der Eskalation von Konflikten ist allerdings außerordentlich bedeutsam, denn es sind gerade die eskalierenden Konflikte, die für ein gastgebendes System den größten Schaden mit sich bringen.

Im Gegensatz zur Eskalation von Konflikten wird die Deeskalation dagegen durchaus thematisiert, allerdings in Zusammenhang mit der Forderung nach einem angemessenen Umgang mit Konflikten angesichts ihres potenziellen Nutzens für die gastgebenden Systeme. Dabei geht es vor allem um die Integration von Dritten in Konflikte, die als neutrale Beobachter die Erwartungsunsicherheit im Konfliktsystem erhöhen (Luhmann, 1984, S. 539), indem alternative Deutungen der Konfliktkommunikation ins Konfliktsystem eingeführt werden.[10] Nun ist die Einführung von Dritten allerdings nicht die prinzipiell einzige Möglichkeit der Deeskalation von Konflikten. Auf welche Art und Weise Konflikte deeskalieren können, welche unterschiedlichen ‚Archetypen' sich finden, thematisiert Luhmann ebenso wenig wie die anderen genannten Konflikttheoretiker.

Aus der Auseinandersetzung mit systemtheoretischen Konfliktanalysen lassen sich folgende Schlussfolgerungen ableiten:

Die systemtheoretische Konstruktion des Phänomens Konflikt macht es möglich, dass:

- keine Ausschließungen umgangssprachlich als Konflikte bezeichneter Auseinandersetzungen vorgenommen werden müssen,
- nicht qua Definition ‚gute' von ‚schlechten' bzw. funktionale von unfunktionalen Konflikten unterschieden werden müssen und
- das Verhältnis der Konflikte zum ‚gastgebenden' System ersichtlich wird.

Vor diesem Hintergrund ist Luhmanns Forderung nach einem Neubeginn der Konflikttheorie auf der Basis von Systemtheorie durchaus zuzustimmen. Allerdings – und dies ist für den vorliegenden Beitrag besonders bedeutsam – wird

---

[10] Noch differenzierter als Luhmann behandelte Detlef Hug (1997) die Integration von Dritten in einen Konflikt, indem er mit seiner ausgezeichneten Analyse des publizistischen Konflikts Luhmanns Perspektive um die Massenmedien als beobachtende Dritte erweitert.

in der systemtheoretische Konfliktanalyse einigen Aspekten, die in anderen konfliktsoziologischen Ansätzen eine wichtige Rolle spielen, wenig Aufmerksamkeit gewidmet:

- Die Dahrendorfschen Überlegungen zu den strukturellen Bedingungen von Konflikten werden bei Luhmann nicht systematisch weiterverfolgt, weshalb (strukturgenerierten) Konfliktpotenzialen des gastgebenden Systems, als den ‚Produzenten' typischer Erwartungsdifferenzen, wenig Beachtung geschenkt werden. Um die Analyse von Konfliktpotenzialen in die Theorie zu integrieren, ist vor diesem Hintergrund in der Kennzeichnung von Kommunikation zunächst neben einer Inhaltsebene auch die Beziehungsebene explizit mitzudenken. Vor allem aber ist genauer zu bestimmen, woraus sich Konfliktpotenziale ergeben.
- Luhmanns konsequente Fokussierung auf das Prozessieren von Kommunikation führt dazu, dass die Mechanismen der Entstehung von Konflikten (u. a. die explizite Handlungsmotivation) aus dem Blick geraten. Damit fehlt einer angemessenen Konflikttheorie allerdings ein wichtiger Punkt, nämlich die theoretische Bestimmung, wie es denn überhaupt zu Entscheidung kommt, einen Konflikt zu kommunizieren.
- Das Gleiche lässt sich behaupten für die Frage, wie sich Konflikte stabilisieren, wie sie eskalieren und wie sie deeskaliert werden können. Vor diesem Hintergrund gilt es, eine an die systemtheoretische Bestimmung von Konflikten anschließbare Erklärung der Stabilisierung und Eskalation sowie der Deeskalation von Konflikten zu entwickeln.

Im folgenden Kapitel wird auf die offenen Fragen genauer eingegangen.

Literatur

Axelrod, R. M. (Hrsg.). (1988). *Die Evolution der Kooperation* (2. Aufl.). Oldenbourg.
Berr, K., Jenal, C., Koegst, L., & Kühne, O. (2022). *Noch mehr Sand im Getriebe? Kommunikations- und Interaktionsprozesse zwischen Landes- und Regionalplanung, Politik und Unternehmen der Gesteinsindustrie (RaumFragen – Stadt – Region – Landschaft)*. Springer VS.
Bette, K.-H., & Schimank, U. (1995). *Doping im Hochleistungssport. Anpassung durch Abweichung*. Suhrkamp.
Bonacker, T. (2002). Die Konflikttheorie der autopoietischen Systemtheorie. In T. Bonacker (Hrsg.), *Sozialwissenschaftliche Konflikttheorien. Eine Einführung* (2. Aufl., S. 267–291). VS Verlag.

Literatur

Breivik, G. (1987). The Doping Dilemma – Some theoretical and philosophical considerations. *Sportwissenschaft, 17*(1), 83–94.
Cherry, C. (1967). *Kommunikationsforschung – Eine neue Wissenschaft* (2. Aufl.). Fischer.
Coser, L. A. (1956). *The functions of social conflict*. Free Press.
Coser, L. A. (1965). *Theorie sozialer Konflikte*. Luchterhand.
Dahrendorf, R. (1957). *Soziale Klassen und Klassenkonflikt in der industriellen Gesellschaft*. Enke.
Dahrendorf, R. (1961). *Gesellschaft und Freiheit. Zur soziologischen Analyse der Gegenwart*. Piper.
Dahrendorf, R. (1969). Zu einer Theorie des sozialen Konflikts [1958 erstveröffentlicht]. In W. Zapf (Hrsg.), *Theorien des sozialen Wandels* (S. 108–123). Kiepenheuer & Witsch.
Dahrendorf, R. (1972). *Konflikt und Freiheit. Auf dem Weg zur Dienstklassengesellschaft*. Piper.
Dahrendorf, R. (1979a). Frieden durch Politik. In Volksbund Deutsche Kriegsgräberfürsorge Landesverband Baden-Württemberg (Hrsg.), *Rückblick für die Zukunft* (S. 11–22). Volksbund Deutsche Kriegsgräberfürsorge Landesverband Baden-Württemberg.
Dahrendorf, R. (1979b). *Lebenschancen. Anläufe zur sozialen und politischen Theorie* (Suhrkamp-Taschenbuch, Bd. 559). Suhrkamp.
Dahrendorf, R. (1992). *Der moderne soziale Konflikt. Essay zur Politik der Freiheit*. Deutsche Verlags-Anstalt DVA.
Dahrendorf, R. (2004). *Der Wiederbeginn der Geschichte. Vom Fall der Mauer zum Krieg im Irak*. Beck.
Dahrendorf, R. (2006). *Versuchungen der Unfreiheit. Die Intellektuellen in Zeiten der Prüfung*. Beck.
Dahrendorf, R. (2007). *Auf der Suche nach einer neuen Ordnung. Vorlesungen zur Politik der Freiheit im 21. Jahrhundert* (Krupp-Vorlesungen zu Politik und Geschichte am Kulturwissenschaftlichen Institut im Wissenschaftszentrum Nordrhein-Westfalen Bd. 3, 4. Aufl.). Beck.
Davis, M. D. (1972). *Spieltheorie für Nichtmathematiker*. Oldenbourg.
Dixit, A. K., & Nalebuff, B. J. (1997). *Spieltheorie für Einsteiger. Strategisches Know-how für Gewinner*. Schäffer-Poeschel.
Dorow, W. (1978). *Unternehmungskonflikte als Gegenstand unternehmungspolitischer Forschung*. Duncker & Humblot.
Freud, S. (1900). *Die Traumdeutung*. Deuticke.
Glasl, F. (1999). *Konfliktmanagement. Ein Handbuch zur Diagnose und Behandlung von Konflikten für Organisationen und ihre Berater* (5. Aufl.). Haupt; Freies Geistesleben.
Glasl, F. (2011). *Konfliktmanagement. Ein Handbuch für Führungskräfte, Beraterinnen und Berater* (10. Aufl.). Haupt.
Holler, M. J., & Illing, G. (1996). *Einführung in die Spieltheorie (3., verbesserte und (erweiterte)*. Springer.
Hug, D. M. (1997). *Konflikte und Öffentlichkeit. Zur Rolle des Journalismus in sozialen Konflikten*. Westdeutscher Verlag.
Jost, P.-J. (1998). *Strategisches Konfliktmanagement in Organisationen. Eine spieltheoretische Einführung*. Gabler.
Kahn, H. (1965). *On Escalation. Metaphors and Scenarios*. Pall Mall.

Keck, O., & Wagner, G. (1990). Asymmetrische Information als Ursache von Doping im Hochleistungssport. *Zeitschrift für Soziologie, 19*(2), 108–116. https://doi.org/10.1515/zfsoz-1990-0203

Kühne, O. (2017). *Zur Aktualität von Ralf Dahrendorf. Einführung in sein Werk* (Aktuelle und klassische Sozial- und Kulturwissenschaftler|innen). Springer VS.

Kühne, O., & Leonardi, L. (2020). *Ralf Dahrendorf. Between social theory and political practice*. Palgrave Macmillan.

Luce, R. D., & Raiffa, H. (1957). *Games and decisions. Introduction and critical survey*. Dover.

Luhmann, N. (1984). *Soziale Systeme. Grundriß einer allgemeinen Theorie*. Suhrkamp.

Luhmann, N. (1986). *Ökologische Kommunikation. Kann die moderne Gesellschaft sich auf ökologische Gefährdungen einstellen?* Westdeutscher Verlag.

Luhmann, N. (1990). *Die Wissenschaft der Gesellschaft*. Suhrkamp.

Luhmann, N. (1995). *Die Kunst der Gesellschaft*. Suhrkamp.

Luhmann, N. (1997). *Die Gesellschaft der Gesellschaft*. Suhrkamp.

Luhmann, N. (2002). *Das Erziehungssystem der Gesellschaft*. Suhrkamp.

Mackert, J. (2010). Opportunitätsstrukturen und Lebenschancen. *Berliner Journal für Soziologie, 20*(3), 401–420. https://doi.org/10.1007/s11609-010-0135-7

Mérö, L. (1998). *Optimal entschieden? Spieltheorie und die Logik unseres Handelns*. Birkhäuser.

Meyer, B. (1997). *Formen der Konfliktregelung. Eine Einführung mit Quellen*. Leske+Budrich.

von Neumann, J., & Morgenstern, O. (1961). *Spieltheorie und wirtschaftliches Verhalten*. Physica.

Niedenzu, H.-J. (2001). Konflikttheorie: Ralf Dahrendorf. In J. Morel, E. Bauer, T. Maleghy, H.-J. Niedenzu, M. Preglau, & H. Staubmann (Hrsg.), *Soziologische Theorie. Abriß ihrer Hauptvertreter* (7. Aufl., S. 171–189). R. Oldenbourg Verlag.

Nollmann, G. (1997). *Konflikte in Interaktion, Gruppe und Organisation. Zur Konfliktsoziologie der modernen Gesellschaft* (Studien zur Sozialwissenschaft, Bd. 174). Westdeutscher Verlag.

Paris, R. (2005). *Normale Macht. Soziologische Essays*. UVK.

Pondy, L. R. (1967). Organizational conflict: Concepts and models. *Administrative Science Quarterly, 12*(2), 296–320.

Raub, W., & Voss, T. (1988). »Nachwort«. In R. M. Axelrod (Hrsg.), *Die Evolution der Kooperation* (2. Aufl., S. 195–199). Oldenbourg.

Schelling, T. C. (1957). Bargaining, communication, and limited war. *Journal of Conflict Resolution, 1*(1), 19–36.

Schelling, T. C. (1960). *The strategy of conflict*. Harvard University Press.

Sermat, V., & Gregovich, R. P. (1966). The effect of experimental manipulation on cooperative behavior in a chicken game. *Psychonomic Science, 4*(12), 435–436. https://doi.org/10.3758/BF03342377

Simon, F. B. (2022). *Einführung in die Systemtheorie des Konflikts* (5. Aufl.). Carl-Auer.

Spaniel, W. (2011). *Game theory 101: The complete textbook*. CreateSpace Independent Publishing.

Strasser, H., & Nollmann, G. (2010). Ralf Dahrendorf. Grenzgänger zwischen Wissenschaft und Politik. *Soziologie heute, 3*(11), 32–35.

Tadelis, S. (2013). *Game theory. An introduction.* Princeton University Press.
Thiel, A., & Tangen, J. O. (2015). Niklas Luhmann, system theory and sport. In R. Giulianotti (Hrsg.), *Routledge handbook of the sociology of sport* (S. 72–82). Routledge.
Watzlawick, P., Beavin, J. H., & Jackson, D. D. (1996). *Menschliche Kommunikation. Formen, Störungen, Paradoxien (9* (unveränderte). Huber.
Weber, M. (1976 [1922]). *Wirtschaft und Gesellschaft. Grundriß der verstehenden Soziologie.* Mohr Siebeck.
Willke, H. (1993a). *Systemtheorie. Eine Einführung in die Grundprobleme der Theorie sozialer Systeme (4* (überarbeitete). Fischer.
Willke, H. (1993b). *Systemtheorie entwickelter Gesellschaften. Dynamik und Riskanz moderner gesellschaftlicher Selbstorganisation* (2. Aufl.). Juventa.

Spezielle Fragen – und Antworten, die die Luhmannsche und die Dahrendorfsche Perspektive erweitern

Zusammenfassung

In diesem Kapitel richten wir einen besonderen Fokus auf die theoretischen Ansätze von Ralf Dahrendorf und Niklas Luhmann und erweitern bzw. differenzieren diese. Die Erweiterung der Dahrendorfschen Konflikttheorie erfolgt auf Grundlage seines Lebenchancen-Ansatzes, indem die Konzepte von Optionen und Ligaturen integriert werden, um so ein differenzierteres Verständnis auf die Ausprägung sozialer Konflikte zu erhalten. In der Erweiterung der Luhmannschen Konflikttheorie wird zum einen das Phänomen der Affektlogik mit in die Überlegungen einbezogen, zum anderen wird versucht, die Eskalation von Konflikten systemtheoretisch zu fassen.

Schlüsselwörters

Ralf Dahrendorf · Niklas Luhmann · Gesellschaftlicher Wandel · Ligaturen · Optionen · Systemtheorie · Kommunikation

In diesem Kapitel werden wir uns ausführlicher mit den Konflikttheorien von Ralf Dahrendorf und Niklas Luhmann befassen, einerseits, um Fragen, die beide offengelassen haben, zu diskutieren, andererseits um die Theorien für die Befassung mit aktuellen gesellschaftlichen Konflikten operationalisierbarer zu machen. Den Anfang machen wir mit der Konflikttheorie Ralf Dahrendorfs, die wir auf Grundlage dessen Lebenschancenansatz weiter ausarbeiten – wiederum unter Differenzierung insbesondere des Konzepts der Ligaturen. Daran anschließend werden wir uns der Konflikteskalation im Kontext der Luhmannschen Systemtheorie zuwenden.

5.1 Konflikte um Lebenschancen

Lebenschancen entstehen, wie in Abschn. 2.4.3 bereits deutlich wurde, aus dem ambivalenten Verhältnis von Optionen und Ligaturen. Während Dahrendorf Optionen eine grundsätzlich lebenschancensteigernde Bedeutung beimisst, geben Ligaturen einerseits Optionen Sinn, andererseits haben diese starken Bindungen auch eine beschränkende Wirkung hinsichtlich der Entstehung und Wahrnehmung von Optionen, wenn etwa infolge heimatlicher Bindungen (dazu mehr in Kap. 4) Optionen nicht wahrgenommen werden (Dahrendorf, 1979, 1994).

5.1.1 Konflikte innerhalb und zwischen Optionen und Ligaturen

Konflikte im Kontext des Strebens nach Lebenschancen entstehen in unterschiedlichen Kontexten:

a. Konflikte um die Auswahl von Optionen. In der Regel ist die Auswahl einer Option auch eine Entscheidung gegen andere Optionen (individuell etwa der Wahl eines Studiums der Soziologie und nicht der Mathematik). Eine Revision einer solchen Auswahl ist entsprechend mit Kosten verbunden, insbesondere Zeit, Geld, aber auch sozialem Kapital (so müssen bei einen Studienfachwechsel neue soziale Netzwerke aufgebaut werden, die alten haben für den Studienerfolg eine geringere Bedeutung). Dabei erfolgt die Auswahl von Optionen auf Grundlage von Ligaturen.
b. Konflikte innerhalb und zwischen Gültigkeitsansprüchen in Bezug auf Ligaturen. Ligaturen stellen keine klaren Handlungsanweisungen in konkreten Situationen dar, sondern bilden eine wertgebundene soziale Grundlage für Entscheidungen. Insofern ist ihre Operationalisierung konfliktbehaftet, da unterschiedliche Interpretationen in Widerspruch zueinanderstehen. So kann auf Grundlage der Ligatur ‚umweltgerechtes Verhalten' eine vegane wie auch (unter bestimmten Bedingungen) eine omnivore Ernährung gerechtfertigt werden. Noch deutlicher treten Konflikte zwischen Ligaturen zutage (etwa die Ligatur der ‚Erhaltung der Heimat' gegenüber der Ligatur ‚Klimaschutz', wie wir weiter in Kap. 8 ausführen werden). Damit ist auch die Relation zwischen Ligaturen und Optionen betroffen.
c. Konflikte um die Auswahl von bzw. Abwägung innerhalb Ligaturen in Bezug auf Optionen. Welche Optionen bestehen, welche Optionen als wählbar erscheinen, hängt von Ligaturen ab. Ob die Option ‚Studium' wahrgenommen

5.1 Konflikte um Lebenschancen

wird, hängt nicht zuletzt davon ab, ob Ligaturen einwirken, die bildungsfreundlich oder bildungskritisch sind. Entsprechend kann die Wahl von Optionen auch (konfliktär) auf die Bedeutung von Ligaturen rückwirken – so ist mit dem Erwerb von Bildung häufig ein Infragestellen traditioneller Ligaturen verbunden, was wiederum von Gemeinschaften, die diesen traditionellen Ligaturen folgen, kritisch gesehen wird.

Konflikte um Optionen und Ligaturen entstehen aber nicht nur innerhalb des Individuums und zwischen Individuum und unmittelbarem sozialen Umfeld, vielmehr ist das Streben nach Lebenschancen auch mit meso- bis makrosozialen Konflikten verbunden:

d. Das Ergreifen knapper Optionen führt zu interpersonalen Opportunitätskosten. Ein einfaches Beispiel: Wenn die Zahl der Studienplätze begrenzt ist, dann ist mit dem Erhalt eines Studienplatzes für Person a der Nicht-Erhalt dieses Platzes für Person b verbunden. Ein komplexeres Beispiel: Zur Errichtung einer Hochgeschwindigkeitsbahntrasse (Option des schnellen Reisens für viele) soll eine ländliche Siedlung weichen (Verlust an individuellen Optionen, die sich mit dem Leben an dieser Stelle verbinden). Da die Vergabe von Studienplätzen ebenso wie die Errichtung von Bahntrassen nicht durch spontan stattfindende Aushandlungsprozesse bei einer freien Abwägung von Optionen erfolgt, erfolgt eine Entscheidung durch den Rückgriff auf durchaus konfliktär zueinanderstehende Ligaturen.

e. Ligaturen werden gemeinhin überindividuell geteilt, aber nicht jede Ligatur entfaltet für alle Bevölkerungsteile denselben Grad an Verbindlichkeit. Insofern sind latente gesellschaftliche Konflikte durch die unterschiedliche Verteilung und Verbindlichkeit verschiedener Ligaturen angelegt. Diese latenten Konflikte um Ligaturen können manifest werden, etwa um Konflikte um die physischen Manifestationen von Religionspraxen, die an bestimmten Orten traditionell nicht ausgeübt wurden (etwa bei der Errichtung von Minaretten in deutschen Städten; Kühne, 2008; Nienaber & Reich, 2015).

f. Es entstehen Konflikte aus der Hierarchisierung von Ligaturen (bzw. aus deren Nicht-Akzeptanz). Dass rechtliche Ligaturen, die sich aus der Verfassung von Rechtsstaaten ergeben, als in Rechtsstaaten allgemein verbindlich gelten, gilt hier als weithin verbreiteter Konsens. Allerdings entstehen Konflikte, wenn etwa religiöse Ligaturen über jene von Verfassungen gestellt werden. Ein deutliches Beispiel ist die ‚Schändung' religiöser Schriften als ‚Akt der Meinungsfreiheit'.

g. Konflikte aus der Transformation von Optionen für wenige zu Ligaturen für viele (wie bereits in Abschn. 2.4.3 angesprochen). Durch die Transformation von Privilegien für die einen zu Ligaturen für die anderen entstehen soziale Ungleichheiten und damit latente soziale Konflikte. Wird jenen, die von den Ligaturen betroffen sind, dies bewusst, kann daraus ein manifester Konflikt entstehen. Weit verbreitet ist die Entstehung solcher Konflikte in autokratischen Herrschaften, in denen – mangels eines institutionalisierten Regulationsmechanismus, wie allgemeine freie und geheime Wahlen – ‚Mächtige' ihre Privilegien auf Kosten ‚Mindermächtiger' (Paris, 2005) ausbauen können, ohne dass dieses Gebaren (diesseits einer Revolution) geahndet werden könnte.

An dieser Stelle wird noch einmal ein zentrales Merkmal, das eine ‚offene Gesellschaft' (Popper, 2003 [1945]) gegenüber geschlossenen Gesellschaften aufweist, deutlich: „Freie Gesellschaft ist gestatteter, ausgetragener, geregelter Konflikt, der schon durch diese Merkmale das Grundniveau der Lebenschancen ansetzt, als alle Spielarten der Unfreiheit es könnten" (Dahrendorf, 1972, S. 7).

Aus dieser Ausdifferenzierung von Konflikten innerhalb und zwischen Optionen und Ligaturen wurde deutlich, dass sich Optionen wie insbesondere Ligaturen durchaus unterscheiden können. Dieser Unterscheidung werden wir uns im folgenden Abschnitt zuwenden.

5.1.2 Eine Erweiterung des Verständnisses von Optionen und Ligaturen als Grundlage für ein differenzierteres Verständnis von Konflikten

Wenden wir uns zunächst den Optionen zu, deren Differenzierungsbedarf – wie im Vorangegangenen deutlich wurde – geringer ausfällt als jener der Ligaturen. In Anschluss an die auf Sigmund Freud zurückgehende Unterscheidung von latent und manifest hat Dahrendorf (wie bereits in Abschn. 2.4 ausgeführt) zwischen latenten und manifesten Konflikten unterschieden. Diese Unterscheidung lässt sich auch auf latente und manifeste Optionen ausweiten. Unter latenten Optionen lassen sich solche Optionen verstehen, die prinzipiell gesellschaftlich zur Verfügung stehen. Manifest wird eine Option dann, wenn sie gewählt wird. Da nicht alle latenten Optionen – infolge von Ligaturen – individuell zur Verfügung stehen, lassen sich diese Optionen als individuell verfügbare latente Optionen begreifen.

5.1 Konflikte um Lebenschancen

Wie verschiedentlich angeklungen, bleibt das Konzept der Ligaturen bei Ralf Dahrendorf ambivalent. So geben Ligaturen einerseits Optionen einen Sinn, andererseits sind sie in der Lage, Menschen an der Wahrnehmung von Optionen zu hindern. Um diese Ambivalenz aufzulösen, wurde in der jüngeren Vergangenheit das Konzept der Ligaturen einer Differenzierung unterzogen (ausführlich bei Kühne et al., 2021, 2022; Kühne, 2024; Kühne & Koegst, 2023).

1) Moralische und ethische Ligaturen. Moralische Ligaturen lassen sich als Bindungen verstehen, aus denen unhinterfragt zu erfüllende Normen des Handelns (etwa religiöse Normen) erwachsen. Ethische Ligaturen lassen sich dagegen als meta-stufige Instrumente der Reflexion verstehen. Mit diesen lassen sich (moralische und andere) Ligaturen, aber auch Optionen, hinterfragen, vergleichen und hinsichtlich der Frage abwägen, ob diesen Ligaturen gefolgt wird, oder ob bestimmten Optionen gefolgt werden soll. Ethische Ligaturen bilden also eine zentrale Grundlage, individuelle Lebenschancen überhaupt zu entwickeln. Dagegen stehen moralische Ligaturen, die – wenn sie nicht ethisch reflektiert wurden – Lebenschancen einschränken. Moralische Ligaturen wirken als (scheinbar) unhinterfragbar geltende Normen auf das Individuum ein. Ethische Ligaturen beinhalten Prinzipien wie Toleranz, Verantwortung oder die Befähigung zu kontextualisiertem Denken und lassen sich mit Nida-Rümelin (2020) auch als 'Konsense höherer Ordnung' verstehen. Sie beziehen „sich auf Verfahren, die Art und Weise oder auf die Methode der kollektiven Entscheidungsfindung" (Nida-Rümelin, 2020, S. 114).

2) Innen- und außengerichtete Ligaturen. Diese Unterscheidung geht auf die Überlegungen von David Riesman (1950) zu innen- und außengeleiteten Charakteren zurück. Während der außengerichtete Charakter seine eigenen Maßgaben des Handelns an den Maßstäben der Gesellschaft (etwa in Bezug auf Konsum, Karriere, Familie) orientiert, richtet sich der innengeleitete Charakter an eigenen Maßstäben aus (in der oben eingeführten Terminologie: Er orientiert sich an ethischen, nicht an moralischen Ligaturen, wie der außengeleitete Charakter). An diese Überlegungen anschließend, werden innengerichtete Ligaturen als solche verstanden, an denen das eigene Handeln ausgerichtet wird, also – im Sinne von Max Weber (1976 [1922]) – das eigene Tun, Dulden oder Unterlassen, wenn damit ein Sinn verbunden wird. Außengerichtete Ligaturen hingegen sind an andere gerichtet. Dies bedeutet: Es werden also aus den Ligaturen Handlungsnormen formuliert, die (auch) an andere gerichtet sind. Insbesondere außengerichtete Ligaturen sind zugleich

moralisch. Sie sind also derart ausgeprägt, andere Menschen dazu zu veranlassen, den eigenen moralischen Vorstellungen zu folgen, was – wie im folgenden Abschn. 5.1.3 weiter ausgeführt wird – häufig konfliktträchtig ist.
3) Explizite und implizite Ligaturen. Explizite Ligaturen zeichnen sich dadurch aus, dass sie klar formuliert sind (daraus ergeben sich etwa Gesetzestexte, Hausordnungen, Anleitungen zum wissenschaftlichen Arbeiten, Beförderungsbedingungen von Verkehrsunternehmen etc.). Implizite Ligaturen werden nicht klar formuliert, sie gelten für die, die von ihnen betroffen sind, als selbstverständlich bekannt. Explizite Ligaturen lassen sich (einfacher) zum Gegenstand der Reflexion auf Grundlage ethischer Ligaturen machen, was wiederum zur Vergrößerung von Lebenschancen dient. Implizite Ligaturen hingegen müssen zunächst in einen expliziten Zustand überführt werden, um reflektiert zu werden. Sowohl implizite als auch explizite Ligaturen können zu Konflikten führen, wobei jene, die auf Grundlage expliziter Ligaturen entstanden sind, einfacher zu regeln sind (siehe dazu Abschn. 3.1.3).
4) Leibliche und leiblich vermittelte soziale Ligaturen. Der Mensch ist (auch) ein Körperwesen. In seiner Leibverhaftetheit unterliegt er Ligaturen. So erwachsen leibliche Ligaturen aus der Körperlichkeit des Menschen: Dies bezieht sich insbesondere auf die Verletzlichkeit des Körpers, aber auch auf seine (beschränkten) Kräfte auf die Materialität seiner Umgebung einzuwirken, wie auch seine (eingeschränkte) Beweglichkeit. Die Grenzen dieser leiblichen Ligaturen lassen sich etwa durch spezifisches Training (Kraft, Beweglichkeit), insbesondere aber durch technische Hilfsmittel ausdehnen. Die Nutzung technischer Hilfsmittel führt uns zu den leiblich vermittelten sozialen Ligaturen: Denn die Nutzung dieser technischen Hilfsmittel bedeutet in der Regel nicht allein die Erweiterung von Optionen, sondern auch die Praxis von deren Eingrenzung durch leiblich vermittelte soziale Ligaturen wiederum. Die Straßenverkehrsordnung schränkt die prinzipiell vorhandenen Optionen, die mit der Nutzung von Fahrrädern und Autos verbunden sind, ein (so ist es allgemein nicht erlaubt, private Vorgärten zu befahren, wenngleich dies technisch in der Regel prinzipiell möglich wäre).

Bereits in diesem Abschnitt ist an der einen oder anderen Stelle angeklungen, dass im Streben nach Optionen, insbesondere aber auch im Umgang mit Ligaturen soziale (auch individuelle) Konflikte ausgelöst werden können. Damit werden wir uns im Folgenden auseinandersetzen.

5.1.3 Optionen, Ligaturen und ihre Konflikte

Das bis dato Dargestellte aufgreifend, vollzieht sich die Erweiterung von Lebenschancen durch die Überführung von latenten zu individuell verfügbaren latenten Optionen, die dann in manifeste Optionen überführt werden. Ligaturen wirken hier limitierend oder ermöglichend, indem sie Optionen einen Sinn geben. Besonders ethische Ligaturen (a), explizite Ligaturen (b) und innengerichtete Ligaturen (c) wirken sinngebend. Sie stellen eine Voraussetzung dar, über Optionen und Ligaturen zu reflektieren (a), sie sind so formuliert, dass sie einer ethischen Reflexion zugeführt werden können (b) und sie beziehen sich auf das eigene Handeln und Wirken nicht normativ auf das Handeln anderer. Auch in Bezug auf ethische Ligaturen entstehen Konflikte, da etwa unterschiedliche Aspekte ethischer Ligaturen untereinander in Konkurrenz treten können. Infolge der ethischen Reflektiertheit und den Elementen von Toleranz, Verantwortung oder die Befähigung zu kontextualisiertem Denken, haben diese Konflikte eine größere Regelbarkeit (wie in Abschn. 5.1.2 dargestellt), da hier bei den Konfliktparteien von einer Befähigung ausgegangen werden kann, Konflikt als Normalität in sozialen Beziehungen anzuerkennen, Verfahrensregeln einzuhalten, die Position der anderen Konfliktpartei als legitim anzuerkennen. Explizite Ligaturen bilden eine zentrale Grundlage für die Regelbarkeit von Konflikten. Nur das, was offen zum Ausdruck gebracht wird, kann auch Gegenstand einer Regelung sein, nicht implizite Erwartungen an die andere Konfliktpartei. Innengerichtete Ligaturen wiederum wirken sich positiv auf die Regelbarkeit von Konflikten aus, da sie eben nicht erwarten, dass ein Gegenüber sein Handeln an Normen anpasst, die an dieses Gegenüber gerichtet sind.

Anders verhält es sich insbesondere mit außengerichteten moralischen Ligaturen: Moralen sind häufig untereinander inkommensurabel. Insbesondere bei Außengerichtetheit treten moralische Ligaturen häufig in Konkurrenz um Hegemonie zueinander. Die Folge sind nicht oder schwer regelbare Konflikte, da die Anwendung von Moral auf andere Menschen, damit verbunden ist, dass die eigene Moral als höherwertig im Vergleich zu anderen Moralen verstanden wird (Berr et al., 2022; Grau, 2017). Der Standpunkt der jeweils anderen Konfliktpartei wird entsprechend nicht als legitim verstanden, sondern als nicht dem eigenen Standpunkt gleichwertig, der Konflikt gilt zudem häufig als nicht normal, da die Moral der anderen Konfliktpartei als nicht satisfaktionsfähig verstanden wird, woraus sich nicht die Notwendigkeit ergibt, den Konflikt auf Grundlage eines fairen Verfahrens zu führen – schließlich sind die Personen der anderen Konfliktpartei als ‚pathologische Fälle' kategorisiert (Berr, 2022; Berr & Kühne, 2024). Mit der Pluralisierung der Gesellschaft, dem Verlust (aus konservativer) oder der

Überwindung (aus progressiver Perspektive) von allgemeinverbindlichen moralischen Ligaturen, hat eine Pluralisierung von moralischen Ligaturen stattgefunden, die zu einer Zunahme von gesellschaftlichen (Mikro-)Konflikten geführt hat, die aber – im Vergleich zu den zu Revolutionen führenden Makrokonflikten – einen geringen Grad an Intensität und Brutalität aufweisen (Dahrendorf, 1957, 2000; Kühne, 2020).

Implizite Ligaturen sind eng mit latenten sozialen Konflikten verbunden und erschweren – werden die Konflikte manifest – eine Regelung. Letzteres ist – wie bereits angesprochen – darauf zurückzuführen, dass einer rationalen Regelung nur Konfliktgegenstände offenstehen, die explizit Gegenstand von Verhandlungen sein können. Mit impliziten Ligaturen ist aber auch – was latente Konflikte produziert – ein hohes Distinktionspotenzial verbunden. So ist die Kenntnis impliziter Ligaturen häufig in den Habitus (Bourdieu, 2016) von Personen eingegangen. Implizite Ligaturen können somit schwerlich erlernt werden, dies würde voraussetzen, sie explizit zu machen, sie werden vielmehr eingelegt. Implizite Ligaturen stellen somit einen wirkungsvollen Mechanismus zur Abgrenzung gegenüber anderen Gruppen oder Teilen der Gesellschaft dar. Da sich Sozialwissenschaften häufig mit der Explizierung impliziter Ligaturen, etwa bei der Befassung mit Subkulturen, befassen, tragen sie zur Vergrößerung von Lebenschancen bei.

Die ungleiche Verteilung leiblicher Ligaturen ist durchaus konfliktträchtig: So bedeutet Inklusion von Menschen mit Behinderung nicht zuletzt die Vergrößerung von ihren Lebenschancen, ein Prozess, der weder abgeschlossen ist noch ohne Konflikte ablief oder abläuft (etwa im Konflikt um die Durchsetzung von Rampen für Rollstuhlfahrende an denkmalgeschützten Gebäuden). Leibvermittelte soziale Ligaturen werden besonders deutlich in der Ungleichverteilung von kulturellem, sozialem und ökonomischem Kapital – und dem daraus erwachsenden symbolischen Kapital (im Sinne von Bourdieu, 2005 [1983]). In Ermangelung von Bildungschancen (also Möglichkeiten kulturelles Kapital zu bilden) sind diese Personen darauf angewiesen, einer beruflichen Tätigkeit nachzukommen, die nur geringes Einkommen ermöglicht (mit der Folge einer geringen Ausstattung an ökonomischem Kapital). Eine solche Tätigkeit ist zudem häufig gesundheitlich belastend und eine solche Person ist nur in der Lage, sich einen verhältnismäßig geringen Wohnraum verfügbar zu machen, welcher zudem häufig in ‚benachteiligten' Wohnumgebungen liegt (verbunden mit hohen Umweltbelastungen, Kriminalitätsraten und großen Entfernungen zu öffentlichen Grünanlagen, wobei der Zugang zu privatem Grün infolge der geringen Ausstattung an ökologischem Kapital ohnehin vorenthalten bleibt). Mit großer Wahrscheinlichkeit werden auch die Nachkommen einer solchen Person kaum mehr Chancen auf Bildung und eine besser bezahlte Arbeit haben. Ein solche systematische Verringerung von Lebenschancen – auch infolge leibvermittelter sozialer Ligaturen – wiederum stellt einen latenten sozialen Konflikt dar.

Wie bereits angesprochen wurde, aber auch noch einmal verdeutlicht werden soll: Ligaturen treten häufig in multiplen Kombinationen auf, weswegen eine begriffliche Differenzierung eine besondere Bedeutung hat, um sich der unterschiedlichen Wirkungen bewusst zu werden. So treten leibvermittelte soziale Ligaturen häufig implizit auf, da die materielle Strukturierung der Welt und deren Anforderungen nach individueller Anpassung als ‚selbstverständlich' gilt (Werlen, 1986, 1997). Moralische Ligaturen weisen einen Hang zur Universalisierung auf, also zur Außengerichtetheit, verbunden mit der angesprochenen Resistenz gegenüber Konfliktregelungen. Ethische Ligaturen hingegen tendieren zu einer Innengerichtetheit, wenngleich eine Außenrichtung gegenüber einer Konfliktregelung zumeist offen ist. Auch andere Kombinationen sind möglich: So kann eine innengerichtete moralische explizite Ligatur ihren leiblichen Ausdruck finden, der wiederum sehr unterschiedlich sein kann, aber auch etwa in Kombination zu finden ist, etwa in Form von Tätowierung oder einem intensiv verfolgten Programm der Steigerung körperlicher Fitness.

5.2 Entstehung, Stabilisierung und Eskalation von Konfliktsystemen

Stellen wir die Frage: Was brachte Luhmanns ‚Neubeginn' für die Konflikttheorie? Er sorgte zumindest für eine genauere und unmissverständliche Bestimmung des Konfliktbegriffs. Und er lieferte eine Erklärung, wie länger andauernde Konflikte, bei denen die beteiligten Personen, Organisationen etc. wechseln, theoretisch dennoch als ein zusammenhängendes soziales Phänomen aufgefasst werden können, indem sie als soziale Systeme gekennzeichnet werden.

Nun werden in den systemtheoretischen Analysen allerdings, wie erwähnt, verschiedene Aspekte ausgeblendet. Dies ist zunächst die Frage, wie denn ein Konflikt, wie denn ein kommunizierter Widerspruch also, überhaupt entsteht, denn diese Frage wird bei Luhmann allenfalls angerissen. Genau dieser Punkt, der im Grunde das Verhältnis individueller und kollektiver Bewusstseinssysteme zum sozialen System ‚Konflikt' beschreibt, ist aber entscheidend, soll einerseits verstanden werden, weshalb Konflikte häufig so emotional geführt werden, andererseits der Prozess nachvollzogen werden können, wie es überhaupt zu einem Konflikt kommt.

Ebenfalls nur am Rande behandelt wird die prozessuale Komponente von Konflikten. So beschreibt Luhmann zwar die Strukturbildung von Konfliktsystemen, klammert aber aus, auf welche Weise Konflikte verlaufen können. Entsprechend finden sich auch keine systematischen Aussagen zum Prozess von Eskalation und Deeskalation eines Konflikts. Bedenkt man, dass Konflikte in der Regel dann gravierende Folgeschäden und Gefährdungen nach sich ziehen, dann sind gerade diese Aspekte besonders relevant, was nicht zuletzt auch bei der Abwägung von potentiellen Kosten und dem möglichen Nutzen von Konflikten deutlich wird.

In den folgenden Abschnitten werden diese Fragen genauer beleuchtet.

5.2.1 Konfliktentstehung

Werden Konflikte in Anlehnung an systemtheoretische Überlegungen als Zusammenhänge kommunizierter Widersprüche aufgefasst, dann beginnen sie mit *einem* kommunizierten Widerspruch, der auf ein vorausgehendes Kommunikationsangebot folgt.

Nun entstehen solche kommunizierten Widersprüche nicht aus dem Nichts. Kommunizierten Widersprüchen gehen vielmehr in der Regel divergierende Verhaltenserwartungen voraus. In Freundschaften, Familien oder in für nur kurze Zeit existierenden Interaktionssystemen ergeben sich diese beispielsweise aus den Strukturen der Freundschafts- oder Liebesbeziehungen, aus persönlichen Erwartungen, die nicht miteinander kompatibel sind oder einfach aus einer nicht begründbaren Ablehnung des anderen. Die Mutter erwartet von dem Sohn, dass er sich an die von ihr vorgegebene maximale Zeit für den Discobesuch hält, der Sohn geht davon aus, dass er zu spät kommen kann, weil die Mutter ihm ohnehin nach kurzem Grollen wieder vergibt. Der Freund erwartet von seiner Freundin in der ersten gemeinsamen Wohnung, dass diese genauso oft spült wie er, die Freundin dagegen ist es gewohnt, dass der Vater als Hausmann alle Hausarbeiten erledigt. Aus diesen Verhaltensdivergenzen können sich nun kommunizierte Widersprüche ergeben, und zwar dann, wenn die Handlung des Anderen offen abgelehnt wird.

Solche an individuelle Erwartungen gebundenen Konfliktpotenziale erklären aber längst nicht alle Verhaltenserwartungsdivergenzen, die Konflikten vorausgehen. Dies wird vor allem deutlich, wenn Konflikte in Organisationen betrachtet werden, bei denen die Ausgangswidersprüche häufig nach denselben Mustern ablaufen, unabhängig davon, welche Individuen am Konflikt beteiligt sind.

5.2 Entstehung, Stabilisierung und Eskalation von Konfliktsystemen

Organisationen produzieren in vielfacher Hinsicht Konfliktpotenziale. Dazu ist anzumerken, dass die Beständigkeit des Handelns der Mitglieder einer Organisation über Strukturen gesichert wird, die, als generalisierte Verhaltenserwartungen, erwartbare Entscheidungen bedingen. Strukturen sorgen dafür, „dass aus beliebigen Ereignissen bestimmte werden" (Groth, 1999, S. 90). Solche Strukturen werden durch die Festlegung von Stellen und Programmen, von Arbeitsteilung und Hierarchien, von Regeln, Zuständigkeiten und Verantwortlichkeiten gebildet (vgl. Willke, 1996, S. 208). Hierarchien, Dienstwege und Regeln geben den Personen also normierte oder präferenzielle Kommunikationsbahnen vor. An den Programmen (z. B. Verhaltensregeln, Anstellungsverträge, Anweisungen etc.) kann die Richtigkeit des Verhaltens der Stelleninhaber~innen gemessen werden. Und diese Vorgaben sind relativ dauerhaft, denn Strukturen sind beständig und konservativ, damit „nicht jedes Mal neu zu entscheiden ist, wie [...] Strukturformen aussehen sollen" (Willke, 1996, S. 207). Nun ist eine Orientierung der Mitglieder an den Vorgaben für die Organisation von geradezu existenzieller Bedeutung. So sind Organisationen auf Konsens angewiesen, Verstöße können dagegen kaum mit sozialer Unterstützung rechnen, denn „die Organisation kann nicht mit dauerhaften Divergenzen operieren" (Nollmann, 1997, S. 127). In diesem Sinne dominiert in Organisationen die Orientierung an einem (möglicherweise fiktiven) Konsens, gegen formale Erwartungen wird in der Regel kein Einspruch erhoben, der Druck, den Vorgaben der Organisation Folge zu leisten, ist extrem hoch (vgl. Luhmann, 1964, S. 68). Die Akzeptanz der organisationalen Vorgaben ist Pflicht: Um Mitglied werden zu können, müssen wir uns an Weisungen halten und Verantwortung übernehmen (vgl. dazu Luhmann, 1987, S. 41). Denn nur so ist es möglich, auch in den unwahrscheinlichsten Kombinationen von Handlungen und Personen dauerhafte Verhaltenssicherheit zu erreichen (vgl. Luhmann, 1964, 67–98).

Die an die Mitglieder einer Organisation geknüpften Erwartungen bedingen Konfliktpotenziale, indem sie systematisch Erwartungsdifferenzen produzieren: Es entstehen Unklarheiten über Zuständigkeiten, Ziele werden unterschiedlich definiert, Verhalten wird nicht eindeutig vorgegeben, sondern ist abstimmungsbedürftig, Zwecke lassen Raum für Ausführungsinterpretationen, es zeigen sich differente Auslegungen von Zielen, etc. Darüber hinaus sind manche Ziele der Organisationen überhaupt nicht definiert, sondern existieren allgemein anerkannt quasi als eine Art nebulöses Leitbild, das aufgrund seiner Abstraktheit vielfältig interpretiert werden kann, aber dennoch hohe Bindungswirkung hat (vgl. Luhmann, 1964, S. 68). Ebenso sind manche Beschlüsse aufgrund der Stellung des Beschließenden formal abgesichert, nichtsdestotrotz inhaltlich aber äußerst angreifbar. Sollen solche Beschlüsse beispielsweise den Erfolg organisationaler Operationen sichern, können aber diese Sicherung nicht garantieren, dann ist ein Dissens von unterschiedlichen Stelleninhaber~innen geradezu vorprogrammiert. Schließlich ‚können' manche Mitglieder, die miteinander arbeiten müssen, einfach ‚persönlich nicht miteinander' und entwickeln gegenseitige Antipathien. Ähnlich wirken Konkurrenzverhältnisse, Gerangel um Stellen, aber auch Unzufriedenheit mit Vorgesetzten. So können z. B. die individuellen Erwartungen einer Person von den Vorgaben der Organisation abweichen, verschiedene Stelleninhaber~innen können sich über anzuwendende Strategien uneinig sein oder Untergeordnete können sich mit den Vorgesetzten um Zuständigkeiten auseinandersetzen.

Konfliktpotenziale können aber auch aus Verhaltenserwartungen resultieren, die sich aus den Leistungs- und Austauschbeziehungen einer Organisation mit Systemen seiner äußeren Umwelt ergeben. Dabei generieren zunächst Geschäfts- und Arbeitsprozesse direkt Verhaltenserwartungen an die Mitglieder der Organisation. Diese beziehen sich darauf, dass die Leistungen der Organisation für die Umweltsysteme in der erwarteten, ggfls. vertraglich festgehaltenen Art und Weise erbracht werden. Diese Verhaltenserwartungen sind nicht einheitlich, sondern differieren in Abhängigkeit vom jeweiligen Bezugssystem und damit zusammenhängend von der Art der Austauschbeziehung und der erbrachten Leistung.

All diese Beispiele zeigen, dass die in einer Organisation vorzufindenden Verhaltenserwartungen in vielfacher Hinsicht zu Erwartungskollisionen führen können und damit Konfliktpotenziale generieren. Nun bedingen, wie mit der Kritik an Dahrendorf gezeigt wurde, Konfliktpotenziale nur Erwartungs*divergenzen*. Treffen nicht kompatible Erwartungen aufeinander, dann bedeutet dies jedoch keinesfalls zwangsläufig, dass sich daraus auch kommunizierte Widersprüche ergeben. Soll die Frage beantwortet werden, wie der Konflikt denn schließlich ausbricht, dann ist zunächst einmal zu klären, wie es zur Entscheidung kommt, einen Widerspruch zu kommunizieren. Der konflikttheoretische Blick ist also über die strukturellen Bedingungen hinaus auf die Bewusstseinssysteme, die an Konfliktsystemen partizipieren, zu richten.

Mit der Forderung, die systemische Konflikttheorie um eine Reflexion von Bewusstseinssystemen zu ergänzen, wird im Grunde ein ‚klassisches' Problem systemtheoretischen Denkens, das Verhältnis zwischen Person und System, angesprochen. Die theoretische Entscheidung, Kommunikationen und Kommunikationszusammenhänge zu fokussieren, hat zur Folge, dass die Frage nach individuellen (aber auch kollektiven) Handlungs*motiven* in den Hintergrund geraten. Solche Prozesse individueller oder kollektiver Handlungsentscheidung sind

5.2 Entstehung, Stabilisierung und Eskalation von Konfliktsystemen

im Zusammenhang mit Konflikten aber durchaus von Bedeutung, denn erst eine Betrachtung dieser Prozesse lässt erkennen, unter welchen Bedingungen es überhaupt zu Konflikten kommt bzw. Konflikte längerfristig weitergeführt werden.

Wann kommt es aber nun zur Entscheidung, dass einem vorausgehenden Kommunikationsangebot widersprochen wird oder nicht? Entscheidend ist, dass sich die Kommunikationspartner~innen weigern, miteinander zu kooperieren, wobei unter Kooperation „eine kommunikative Verständigung auf wechselseitig anschlussfähige – also nicht notwendigerweise übereinstimmende – Präferenzen" (Willke, 1993, 99–100) zu verstehen ist. Der Hinweis darauf, dass die Präferenzen nicht übereinstimmend sein müssen, sondern nur wechselseitig anschlussfähig, deutet darauf hin, dass nicht jedes Erleben von Dissens automatisch dazu führt, dass dieser Dissens auch *kommuniziert* wird. Ein~e Kommunikationspartner~in wird die Entscheidung, Uneinigkeit rückzukommunizieren, vor dem Hintergrund der zu erwartenden Folgen und dem potenziellen Nutzen dieser Folgen abwägen. Dabei kann er sich erstens für die Kommunikation des Widerspruchs entscheiden, er kann den Dissens aber auch genauso tolerieren (Toleranz), der Dissens kann ihm einfach gleichgültig sein (Indifferenz), er kann sich nach einer Prüfung des Selektionsvorschlags des Anderen von dessen ‚Richtigkeit' überzeugen (Affirmation) oder er kann Angst vor möglichen Folgen des Widerspruchs haben (Furcht) und deshalb nicht widersprechen. Umgekehrt setzt ein Konflikt nicht unbedingt Dissens voraus, auch wenn in der Alltagstheorie häufig davon ausgegangen wird, dass einem kommunizierten Widerspruch Uneinigkeit über den Inhalt des Kommunikationsangebots vorausgehen muss. Dies muss allerdings nicht prinzipiell so sein. Für die Äußerung eines Widerspruchs ist es zunächst irrelevant, ob die Kommunikationspartner~innen einer Meinung sind oder nicht, ob also Konsens oder Dissens besteht, was vor allem dann bedeutsam wird, wenn kommunizierte Widersprüche strategisch vollzogen werden.

Ob sich ein~e Kommunikationspartner~in nun für die Kommunikation eines Widerspruchs entscheidet oder nicht, hängt letztendlich von der Kalkulation des Erwartungsnutzens der eigenen Entscheidung ab. In diese Kalkulation spielen mehr oder weniger implizit alle in diese Beziehung einwirkenden Erwartungserwartungen hinein, die sich aus der Art der Beziehung zwischen den Kommunikationspartner~innen und aus den Strukturen der „gastgebenden Systeme" ergeben. Z. B. werden wir der Widerspruch einer Person eher tolerieren, wenn wir diese Person gerne mögen, wir werden jemandem, mit dem wir keine Minute mehr verbringen wollen, möglicherweise nicht widersprechen, weil uns die Lebenszeit zu schade ist, wir werden uns den Widerspruch beim~bei der

Chef~in, der/die einen autoritären Führungsstil pflegt und von dem unser zukünftiger Karriereweg abhängt, stark überlegen und wir werden auf die Stimme von Lebenserfahrenen bei Alltagsproblemen eher hören als auf den altklugen Ratschlag von Abiturient~innen.

Der Prozess der Entscheidung für oder gegen Kooperation auf der Basis einer Abwägung von Kosten und Nutzen ließe sich vergleichsweise einfach mit der Erwartungs-Nutzen-Funktion der allgemeinen Handlungstheorie beschreiben (vgl. u. a. Jeffrey, 1965). Dabei ist davon auszugehen, dass vor einer Entscheidung für oder gegen eine Handlung (A) die möglichen Folgen der Handlung (F_1, F_2, …F_n), die Wahrscheinlichkeit des Eintretens dieser Folgen (p) und der zu erwartende Nutzen (N) der Handlungsfolgen kalkuliert werden. Diese Kalkulation lässt sich modellhaft mit folgender Formel darstellen:[1]

$$EN(A) = [p(F_1/A) \times N(F_1)] + [p(F_2/A) \times N(F_2)] + \cdots + [p(F_n/A) \times N(F_n)].$$

N würde dabei im Falle eines positiv antizipierten Nutzens einen positiven Zahlenwert, im Falle, dass die Kosten den Nutzen übersteigen, dagegen einen negativen Zahlenwert erhalten. Die Erwartungs-Nutzen-Funktion stellt den Entscheidungsprozess zwar sehr vereinfacht dar, besitzt aber dennoch einen relativ weitreichenden Erklärungswert.

Eine zentrale Kritik an dieser Formel ist nun die angebliche Inkompatibilität mit dem Versuch der Erklärung affektiven Handelns. Und Affekte sind – zumindest bei länger andauernden Auseinandersetzungen – untrennbar mit Konflikten verbunden, und sie spielen eine entscheidende Rolle, ob ein Widerspruch überhaupt geäußert wird, indem Ärger, Furcht oder Unlust die individuelle Bereitschaft zu widersprechen, hemmen oder fördern. Wie lassen sich aber Affekte in die vorangegangenen Überlegungen integrieren?

Dass affektive Komponenten bei der Steuerung von Verhalten mit kognitiven Elementen funktionell eng verbunden sind, wird in der Psychologie und Biologie seit längerem diskutiert. Die Diskussion geht dabei (vor allem bei den chaostheoretisch orientierten Autoren) sogar so weit, dass hinter sämtlichen psychischen Abläufen und den daraus resultierenden Aktionen eine Art ‚Unlustvermeidung' vermutet wird, die subjektiv nicht etwa als Lust empfunden werden muss, sondern vielmehr eine ‚bedürfnisgerechte Trajektorie' darstellt

---

[1] Die Darstellung der Formel der Erwartungs-Nutzen-Funktion ist an Richard Sainsbury (1993, 79 f.) angelehnt, der diese Funktion zur Bestimmung des maximal zu erwartenden Nutzens (MEN) im Rahmen einer Erörterung der Newcomb-Paradoxie anwendet.

5.2 Entstehung, Stabilisierung und Eskalation von Konfliktsystemen

(vgl. Globus, 1995). Im vorliegenden Band wird davon ausgegangen, dass Affekte prinzipiell, also auch bei scheinbar rationalen und logischen Entscheidungen, eine selektiv aufmerksamkeitsleitende Operatorwirkung ausüben und ganze Denk- und Verhaltenshierarchien affektentsprechend organisieren (vgl. Ciompi, 1997, S. 165). Ein typisches Beispiel sind hier Sofortsympathien oder -antipathien zwischen zwei Personen. Diese Reaktionen stellen sich geradezu blitzschnell ein, oft nur auf der Basis des Erscheinungsbildes dieser Person. Wir sehen die Person, sie erinnert uns an bestimmte Erfahrungen, die wiederum mit bestimmten Affekten verbunden werden. Diese Verbindung reicht aus, um die Person anhand von individuell vorhandenen „Fühl-, Denk- und Verhaltensschienen" (Ciompi, 1997, S. 165) in eine bestimmte ‚Schublade' zu stecken. Das Interessante ist dabei aber, dass das Individuum dabei das Gefühl hat, gewichtige, situationsangemessene Gründe für diese Sympathien oder Antipathien zu haben, obwohl es letztendlich nur Generalisierungen vornimmt.

Affekte lenken also Aufmerksamkeit, und damit lassen sie sich wieder an die oben beschriebene Erwartungs-Nutzen-Funktion anschließen. So ist die emotional bedingte Aufmerksamkeitslenkung dafür verantwortlich, welche Variablen in die individuelle Konstruktion von Realität und damit auch in die Erwartungs-Nutzen-Kalkulation der eigenen Handlung einbezogen werden.

Dafür, dass individuelle ‚Realitätskonstruktionen' emotional gefärbt sind, liefert die Sozialpsychologie übrigens unzählige empirische Belege. Ein sehr anschauliches Beispiel bietet ein Experiment von Harold H. Kelley (1950). Kelley untersuchte, inwieweit die Beurteilung einer bestimmten Person als gefühlsmäßig ‚warm' oder ‚kalt' von der sozialen Meinung abhängt. Zu Beginn des Experiments übergab er 55 männlichen Studierenden des Massachusetts Institute of Technology (MIT) eine Biographie eines Gastprofessors, dessen Vortrag die Studierenden sich später anschauen sollten. Um die Hypothese der sozialen Abhängigkeit emotionaler Ausstrahlung zu überprüfen, teilte er die Studierenden (ohne deren Wissen) in zwei Gruppen auf, wobei jede Gruppe eine jeweils anders getönte Biographie erhielt. Der Hintergrundtext der Biographie, die der einen Gruppe ausgehändigt wurde, beschrieb den Gastprofessor als einen sehr kalten Menschen. Im Text, den die andere Gruppe erhielt, wurde der Professor als äußerst warmherzig gelobt. Nach dem Vortrag des Gastprofessors wurden die Studierenden gebeten, zu schildern, wie sie den Vortragenden wahrgenommen hatten. Hier zeigte sich, dass diejenigen, die den Text gelesen hatten, in welchem der Professor als kalt geschildert wurden, diesen im Vortrag als distanziert und unnahbar wahrgenommen hatten, während die anderen, die von ihm gelesen hatten, er sei ein sehr warmherziger Mensch, angaben, der Professor hätte bei ihnen einen freundlichen und zugänglichen Eindruck hinterlassen.

Doch zurück zur Bedeutung von Affekten bei der Konfliktentstehung. Entscheidungen in Konflikten sind vor dem Hintergrund der aufmerksamkeitsleitenden Wirkung von Affekten immer als ‚affektlogische Entscheidungen' anzusehen. Der Begriff der Affektlogik ist auf Luc Ciompi zurückzuführen, demzufolge hinter jeder Entscheidung eine sogenannte „fraktale Affektlogik" (Ciompi, 1997) anzunehmen ist. Nach Ciompi ist jede Form des Denkens durch Affekte geprägt. Affekte wirken als Motivatoren, bestimmen den Fokus von Aufmerksamkeit und die Hierarchie der Inhalte unseres Denkens und stellen damit die entscheidenden Steuerungsmechanismen bei der Reduktion von Komplexität dar (vgl. Ciompi, 1997, 97–98). Vor diesem Hintergrund ist jede Logik Affektlogik, sogar die wissenschaftliche Logik, in welcher die Suche nach ‚Wahrheit' nach Ciompi im Grunde nichts Anderes ist, als eine Suche nach „einer lustvollen Spannungslösung nach unlustvollen Spannungen" (Ciompi, 1997, S. 108), die aus einem Nicht-Zufriedensein mit suboptimalen theoretischen Passungen, Inkonsistenzen und einer dadurch gestörten Harmonie resultieren. Alltagslogik wird ebenfalls als affektiv bestimmt angesehen, wobei der Affekt starken kulturellen Prägungen unterliegt, der Affekt ist ein qua kultureller Übereinkunft geteilter und routinierter. Dies erklärt denn auch, weshalb die Alltagslogiken unterschiedlicher Individuen in einer Gesellschaft über öffentlich in hohem Maße diskutierte Phänomene einander so stark ähneln.

Ciompis Überlegungen bergen bei aller Metaphorik gerade für die Erklärung von Konflikten, bei denen Affekte ja eine ganz entscheidende Rolle spielen, außerordentlich nützliche Anregungen. Denn versucht man, die oben dargestellte Erwartungs-Nutzen-Funktion mit seinen Überlegungen zu verbinden, dann wird plötzlich klar, weshalb das in Konflikte involvierte Individuum seine Wirklichkeitskonstruktionen zum Konflikt als ‚die' Wahrheit auffasst, obwohl der/die Konfliktgegner~in genau der gleichen Meinung ist, aber über eine diametral entgegengesetzte Konstruktion berichtet: Die aufmerksamkeitsleitende Operatorwirkung von Affekten befähigt das sich in dem betreffenden Affektzustand befindende Individuum zu einer individuell als logisch wahrgenommenen Entscheidung, auch wenn diese für seine Umwelt als nicht nachvollziehbar erscheint.

Fassen wir zusammen: Affektlogisch bedingtes Handeln bedeutet in Konflikten einerseits, dass das Individuum affektiv motiviert auf typisierte affektspezifische Kalkulationen und Ursache-Wirkungs-Konstruktionen zurückgreift, wobei die gegebenen Affekte das individuelle Denken und Fühlen in Orientierung an den affektspezifisch generierten ‚Wahrnehmungsschienen' organisieren und so zu einer typischen Mustererkennung von Schuld/Unschuld, Gut/Böse etc.

5.2 Entstehung, Stabilisierung und Eskalation von Konfliktsystemen

führen. Affektlogik heißt andererseits, dass die in eine Realitätskonstruktion einbezogenen Variablen immer nur die sind, die der jeweilige affektive Zustand wahrzunehmen erlaubt, was dazu führt, dass auch die Erwartungs-Nutzen-Kalkulationen andere sind als die der Gegner~innen, deren Affekte aber andere mit dem Konflikt zusammenhängende Variablen in den Blick rücken.

Versucht man, die Entscheidung, einen Widerspruch zu kommunizieren, grafisch darzustellen, dann lässt sich, inspiriert durch die Darstellung eines umweltorientierten Konfliktmodells von Hug (1997, S. 188), folgendes Modell[2] verwenden (Abb. 5.1):

Nun sind Konflikte, als kommunizierte Widersprüche aufgefasst, immens häufig, wie Luhmann treffend bemerkt, es handelt sich um Alltagsbildungen, die überall und ständig entstehen und meist rasch bereinigte Bagatellen sind (Luhmann, 1984, 534, 541).

Zu stabilen ‚Konfliktsystemen', also zu sozialen Systemen, die durch einen ‚Zusammenhang kommunizierter Widersprüche' gekennzeichnet sind, werden Konflikte dann, wenn Handlungsereignisse miteinander verknüpft werden und sich dadurch generalisierte Verwalterserwartungen, also „sinnhaft vermittelte Modalformen von Wirklichkeit" (Treml, 1982, S. 129) ausbilden, die auch dann in Kraft bleiben, wenn sie im Einzelfall enttäuscht werden.

Dazu ist anzumerken: Die erste Ablehnung einer vorausgehenden Kommunikation durch eine~n Kommunikationspartner~in in einem neu entstandenen Konflikt widerspricht oft der Verhaltenserwartung des/der Anderen. Solche Widersprüche sind in sozialen Zusammenhängen allerdings abgesichert, d. h. der dem ‚Bagatellkonflikt' zugrunde liegende Dissens mündet gerade aufgrund der Absicherung von Verhaltenserwartungen in der Regel in eine gegenseitige Angleichung, in eine Akzeptanz des Nein, in Kooperation (vgl. Luhmann, 1984). Nehmen wir an, die Chefin kritisiert ihren Angestellten, dass dieser die ihm gestellte Aufgabe nicht zur vollen Zufriedenheit erfüllt hat. Ein solcher Widerspruch enttäuscht nicht unbedingt die Verhaltenserwartungen, eben weil die Chefin Chefin ist und sie in hierarchischen Beziehungen das Recht hat, die Arbeit des Angestellten zu kritisieren.

---

[2] Hugs kommunikationstheoretisches Modell (1997) ist unseres Wissens nach das erste Modell, das den einer Widerspruchskommunikation vorangehenden Entscheidungsprozess grafisch darstellt. Hug beschreibt in seinem Modell die Entstehung eines Konflikts als strukturelle Kopplung eines „psychischen Systems" mit einem „polemologisch strukturierten Kommunikationssystem". In unserer eigenen Darstellung haben wir das Prinzip der Darstellung des Prozessablaufs übernommen und etwas erweitert, allerdings, da es uns um die Darstellung der Entstehung eines kommunizierten Widerspruchs ging, den Prozess im Sinne von Luhmanns Konfliktverständnis als Beziehung zwischen Alter und Ego dargestellt.

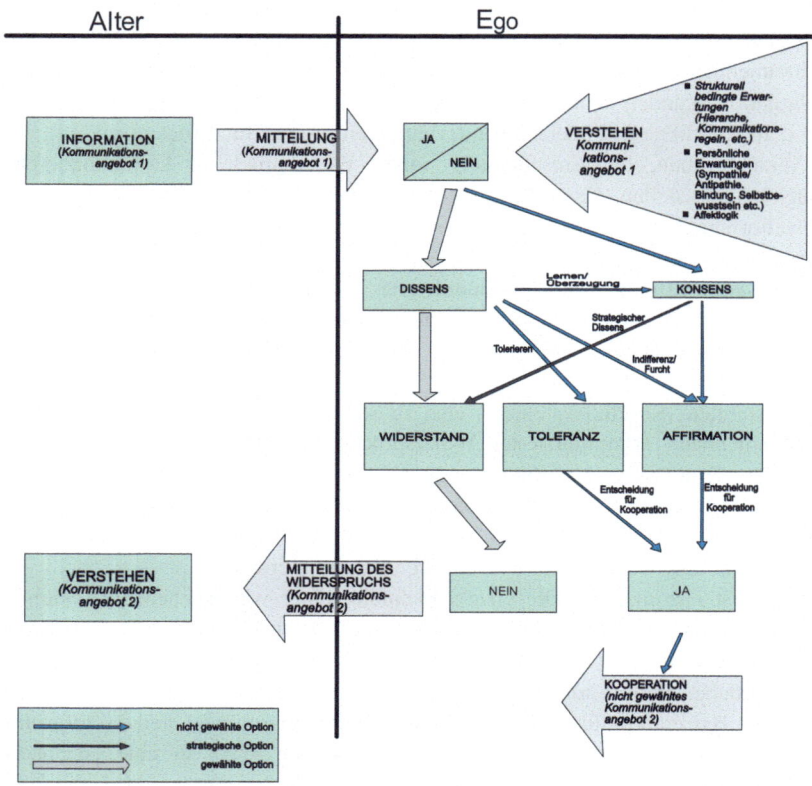

Abb. 5.1 Modell der Entstehung eines kommunizierten Widerspruchs. (Eigene Darstellung)

Die Wahrscheinlichkeit, dass ein Bagatellkonflikt zu einem stabilen Konflikt führen wird, hängt nun davon ab, ob auf einen kommunizierten Widerspruch ein neuer folgt und umgekehrt, weil z. B. die Verhaltenserwartungen in hohem Maße enttäuscht wurden. Wenn der Angestellte unseres Beispiels der Chefin die Rückmeldung gibt, er habe seine Aufgabe genau richtig gemacht, die Chefin habe dies nur nicht erkannt, wird vermutlich bereits eine Verhaltenserwartung, nämlich die der Chefin, der aufgrund seiner Stellung eine Akzeptanz seiner Kritik erwartet, enttäuscht.

5.2 Entstehung, Stabilisierung und Eskalation von Konfliktsystemen

Betrachten wir diesen Fall genauer: Auch vor einer Verneinung der Verneinung (in diesem Falle durch den Angestellten) ist die Entscheidung zu treffen, ob kooperiert oder mit einem Widerspruch reagiert wird. Denkbar ist z. B., dass der Angestellte in der Kritik der Chefin ein ‚Missverständnis' seinerseits erkennt (dass er z. B. die Anweisung falsch interpretiert hat), daraufhin reflexiv über die Kommunikation kommuniziert und so zur Kooperation kommt oder dass er aus der Antwort der Chefin lernt und seine Erwartungen revidiert und ebenfalls kooperiert. Es kann außerdem sein, dass er sich fürchtet, auf seiner Meinung zu beharren, weil er die Chefin z. B. als jemanden kennt, der auf einen weiteren Widerspruch mit Sanktionen reagiert, auf dessen Zusammenarbeit er aber angewiesen ist. Auch vor einer möglichen Weigerung des Angestellten, die Kritik der Chefin zu akzeptieren, wird er also Erwartungs-Nutzen-Kalkulationen vornehmen, die ihrerseits ebenfalls affektlogisch geprägt sind.

Entscheidet sich der/die Kommunikationspartner~in (in unserem Falle der Angestellte), nun doch auf seinem~ihrem Widerspruch zu beharren, dann hängt der Fortgang des Konflikts davon ab, ob der/die Andere (in unserem Beispiel die Chefin) ebenfalls widerspricht oder nicht. Akzeptiert die Chefin die Weigerung des Angestellten, seine Kritik anzunehmen, nicht, dann ist es bereits sehr wahrscheinlich, dass er dies auch äußert. Aber auch hier wird wieder eine Erwartungs-Nutzen-Kalkulation vorausgehen, in welche allerdings das Bewusstsein mit einfließt, dass er mit deutlich geringerer Wahrscheinlichkeit erwarten kann, dass sein Angestellter einlenkt, weil er ja schon vorhin nicht eingelenkt hat.

Äußert die Chefin ihre Kritik ein zweites Mal und der Angestellte entscheidet sich ebenfalls für eine erneute Weigerung, diese Kritik zu akzeptieren, dann sinkt die Wahrscheinlichkeit, dass in der Folgezeit durch eine Partei eingelenkt wird, auf ein Minimum. So bietet die Situation nichts Neues mehr, sondern stellt vielmehr eine Wiederholung einer vorangegangenen dar. Es gibt keinen Grund einzulenken, außer vielleicht aufgrund einer Gewaltdrohung (in unserem Beispiel irgendwelche Sanktionen bis hin zur Kündigungsdrohung). Zieht die Chefin in unserem Beispiel diese Option nicht, weil der Angestellte eine wichtige Rolle im Unternehmen spielt, und der Angestellte kündigt ebenfalls nicht, dann können beide davon ausgehen, dass auf jede Ablehnung mit hoher Wahrscheinlichkeit wieder eine Ablehnung folgt, die wiederum eine Ablehnung der vorangegangenen Ablehnung nach sich zieht. Somit hat sich ein stabiles Konfliktsystem mit eigenen Strukturen, also eigenen Verhaltenserwartungen, gebildet, die Generalisierung erlangen und somit zu stabiler, abgesicherter Erwartungsbildung führen. Dabei führt eben die ‚Affektlogik' der Beteiligten dazu, dass die selektive Einengung von Aufmerksamkeit und die Entstehung von Denkschienen alles, was die andere Konfliktpartei sagt oder tut, in negativem Licht erscheinen lässt, gleichzeitig aber dennoch die Überzeugung vermittelt, in einem formallogisch geschlossenen Ganzen zu handeln (vgl. Ciompi, 1997, S. 186). Und diese Überzeugung hält zumeist auch dann stand, wenn sie für einen unbeteiligten Dritten nicht mehr nachvollziehbar ist.

In unserem Beispiel spielt sich der Konflikt in einer Arbeitsbeziehung ab. Hierzu anzumerken ist ein interessantes Phänomen: auch solche Konflikte, die sich auf Formalia der Organisation beziehen, müssen die formalen Strukturen nicht unbedingt tangieren. Der Vorgesetzte bleibt auch im Konflikt Vorgesetzter, der Konflikt verläuft aber abseits der formalen Vorgaben, ungeregelt, mit der für Konflikte in Interaktionssystemen typischen Dynamik, bis zur Eskalation. Der Dienstweg wird dabei nicht unbedingt verändert, häufig wird er aber gar nicht erst beschritten (vgl. Nollmann, 1997). Dieser Punkt ist deshalb bedeutsam, weil auch in Organisationen Konflikte keinesfalls durch Formalisierung verhindert werden können, indem z. B. die Chefin schriftlich festlegt, dass seine Anweisungen unbedingt zu beachten sind, ansonsten müsse der Betreffende die Organisation verlassen. Denn werden Differenzen von Verhaltenserwartungen auf organisationaler Ebene durch Formalisierung ausgeschlossen, dann melden sich diese auf einer informalen Ebene als das Nicht-Formalisierbare wieder zurück, wobei die informale Organisation quasi eine Art funktionales Äquivalent der Konfliktregulation für den formalen Ausschluss des Widerspruchs darstellt (vgl. Nollmann, 1997, S. 130). Wir können sogar formulieren: Indem mögliche Konflikte durch Regeln verhindert werden, kommt es auf einer informalen Ebene geradezu zwangsläufig zur Notwendigkeit, über den ‚Sinn' und den Nutzen dieser Regeln zu verhandeln.

Doch wenden wir uns den Charakteristika zu, die Konflikte als stabile Sozialsysteme kennzeichnen. Werden die Strukturen solcher stabilen Konfliktsysteme näher betrachtet, dann zeigt sich folgendes (vgl. Luhmann, 1981, 1984):

Auf der Sozialdimension sind stabile Konflikte als hoch integrierende Sozialsysteme aufzufassen, denen die Tendenz zu eigen ist, alles Handeln im Kontext einer Gegner~innenschaft unter den Gesichtspunkt der Gegner~innenschaft zu bringen. Damit ist ein Konflikt strukturell auf eine Zweier-Gegner~innenschaft reduziert, wobei sich bei einer Beteiligung von mehr als zwei Parteien die Tendenz zur Reduktion auf zwei Parteien durch die Bildung von Koalitionen zeigt (vgl. Luhmann, 1984, S. 534). Der Konflikt integriert, indem er polarisiert: „Gerade Konflikte führen dazu, dass so gut wie alles Handeln unter einen Gesichtspunkt des Gewinnens oder Verlierens gebracht wird und unter diesem Gesichtspunkt wenig, es sei denn strategische, Freiheit besteht" (Luhmann, 1981, S. 101). Mit Blick auf die Frage, wie es dazu kommt, dass alles

5.2 Entstehung, Stabilisierung und Eskalation von Konfliktsystemen

Handeln polarisiert wird, erweitern die Überlegungen zur Affektlogik ein weiteres Mal Luhmanns Erklärung. So resultiert die Polarisierung im Grunde daraus, dass beide Parteien über vergleichbare, in ihrer Tendenz allerdings diametral entgegengesetzte affektlogische Konstruktionen verfügen, aber nur die eigene als rational begründbar, die andere dagegen als Ungerechtigkeit ansehen. Eine solche Konstruktion zwingt geradezu zur Gegner~innenschaft.

Sachlich ist ein Konflikt durch die „Offenheit für fast alle Möglichkeiten des Benachteiligens, Zwingens, Schädigens, sofern sie sich nur dem Konfliktmuster fügen und den eigenen Interessen nicht zu stark widersprechen" (Luhmann, 1984, S. 534), gekennzeichnet. Diese thematische Offenheit beinhaltet jede Strategie, dem/der Gegner~in zu schaden, weil ja gerade durch diese Schädigung ein Nutzen für die eigene Partei erwartet wird. Die Berechtigung für ein solches Denken entspringt ebenfalls wieder einer zugrunde liegenden Affektlogik, die den/die Andere~n als negativ und die eigene Emotion als berechtigt erscheinen lässt. Eingeschränkt wird die Offenheit der einsetzbaren Konfliktmittel nur durch Eigeninteressen oder formale Regelungen.

In zeitlicher Hinsicht sind Konflikte vor allem durch eine Umstrukturierung von Zeithorizonten gekennzeichnet (vgl. Hug, 1997, S. 211). Vergangenes wird vor dem Hintergrund des aktuellen Konflikts neu unter den Bedingungen des Konflikts interpretiert und bestätigt damit leicht den Verdacht, dass der/die Gegner~in doch immer schon nach dem aktuellen Konfliktmuster gehandelt habe und einem Schlechtes wolle. Solchen selektiven Vergangenheitskonstruktionen liegt ebenfalls wieder eine Affektlogik zugrunde, die ein Individuum selektiv nach den Fehlern aus der (möglicherweise sogar jahrzehntelangen gemeinsamen) Vergangenheit des/der Anderen suchen und die gefundenen Fehler wiederum als Bestätigung für die eigene Konfliktkonstruktion ansehen lässt (vgl. Ciompi, 1997, S. 186). Diesem Konstruktionstypus entsprechend ist es naheliegend, dass auch Zukünftiges als Bedrohung für die eigene Position und die eigene Entwicklungsfähigkeit angesehen wird (vgl. Luhmann, 1981, S. 102).

Die Wirkung dieser Konfliktstrukturen auf das Handeln der in das System inkludierten Individuen, Organisationen oder Nationen ist nun eine latente, was theoretisch von besonderem Interesse ist: Den inkludierten Teilnehmer~innen wird selbst auch bei stabilen Konfliktsystemen nicht immer klar, dass sie sich in einem Konflikt befinden. Affektlogischem Denken entsprechend stellen sie den Ablauf ihrer Interaktionen so dar, als habe der/die Andere die Initiative, als sei diese~r dominant, abhängig, angriffslustig, defensiv, wir selbst reagierten dagegen höchstens auf den/die Andere~n oder halte uns gar zurück. Dieser Mechanismus ist mit den bei Watzlawick et al. (1996) beschriebenen sogenannten ‚Interpunktionsphänomenen' zu vergleichen. Watzlawick et al., (1996, S. 58) nennen u. a. das Beispiel eines sich streitenden Ehepaars, in welchem der Mann passiv-zurückgezogen agiert, während die Frau zur Nörgelei neigt. Die Ursache-Wirkungs-Konstruktionen der beiden lauten: „Ich meide dich, weil du nörgelst", aus der Sicht des Mannes, und „Ich nörgle, weil du mich meidest", aus der Sicht der Frau, für den/die Beobachter ~ in erscheint die Interaktionskette dagegen als ein ununterbrochener Austausch von Mitteilungen (vgl. Bateson & Jackson, 1996). Dass die an einem Konflikt Beteiligten ihre eigene Rolle trotz kontinuierlicher Weiterführung des Konflikts nicht erkennen, liegt eben daran, dass sie der Meinung sind, es gäbe nur eine Wirklichkeit, nämlich die eigene, während der Konstruktion des Gegenübers entweder Irrationalität oder aber Böswilligkeit zugrunde liegen müsse (vgl. Watzlawick et al., 1996, S. 93).

Halten wir fest: Mit jeder Ablehnung einer vorangegangenen Ablehnung sinkt die Wahrscheinlichkeit, dass sich ein Konflikt von selbst auflöst. Nach mehreren aufeinander bezogenen, kommunizierten Widersprüchen wird ein Einlenken irgendeiner beteiligten Partei in hohem Maße unwahrscheinlich; es hat sich vielmehr ein stabiles Konfliktsystem gebildet. Kennzeichnend für ein solches stabiles Konfliktsystem ist die Intention der Kommunizierenden, das nicht zu tun, was der andere möchte, im Falle, dass dieser das nicht tut, was der eigene Wunsch ist. Daraus resultieren eine zunehmende kollektive Stabilisierung affektlogischer Wirklichkeitskonstruktionen und eine Eigendynamik negativer Erwartungserwartungen: So wird das, was dem anderen schadet, als für einen selbst nützlich betrachtet, weil angenommen wird, dass das Gegenüber das, was einem selbst schadet, als eigenen Nutzen ansieht (vgl. Luhmann, 1981, S. 102; 1984, S. 531). In diesem Sinne wird auf jeder Seite immer angenommen, dass der/die jeweils andere bereits ein Konfliktmuster praktiziert oder zu praktizieren antizipiert (vgl. Ciompi, 1997). Mit dieser Annahme geht die Erzeugung von Images über die Gegnerpartei, die im Lichte der Konfliktlogik negativ getönt sind, einher.

Der Konflikt hat damit eine Eigendynamik entwickelt mit einer spezifischen, von den beiden Parteien diametral entgegengesetzt konstruierten Affektlogik, der sich die Beteiligten kaum mehr entziehen können. Dabei werden von den Beteiligten zwar Ursache-Wirkungs-Konstruktionen mit klarer Zurechnung von Schuldigkeit für den Konflikt vorgenommen, diese Zurechnungen zeigen sich von außen betrachtet aber als subjektive Interpunktionen einer Kette von Kommunikationsfolgen mit einem zirkulären Ursache-Wirkungs-Muster (Abb. 5.2).

Verläuft konfligierende Kommunikation in dieser Art und Weise, dann handelt es sich nicht mehr um Bagatellkonflikte, sondern um stabile Konfliktsysteme, die in anderen Systemen eine eigene Struktur ausbilden und dort eine parasitäre Existenz entwickeln (vgl. Luhmann, 1984, S. 531). Entsprechend existieren in solchen gastgebenden Systemen konfliktbezogene Verhaltenserwartungen parallel zu den

5.2 Entstehung, Stabilisierung und Eskalation von Konfliktsystemen

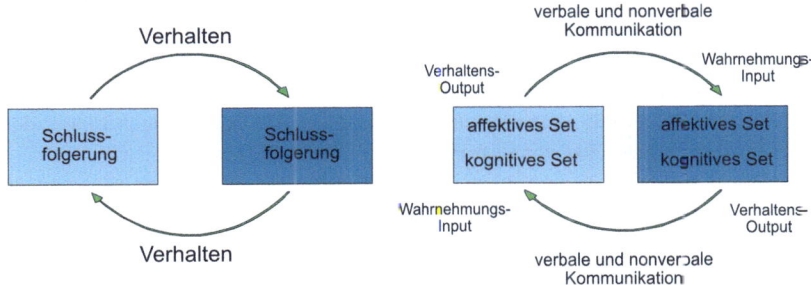

Abb. 5.2 Zirkuläre Muster. (Eigene Darstellung nach Tomm, 1996)

eigentlichen Verhaltenserwartungen des gastgebenden Systems, in welchem sich der Konflikt gebildet hat.

Die Metapher einer parasitären Existenz von Konflikten (vgl. Luhmann, 1984, S. 533) beschreibt den Sachverhalt der Besetzung nicht-konfliktuöser Zusammenhänge im gastgebenden System durch den Konflikt sehr treffend. Dabei weist Niklas Luhmann darauf hin, dass dieses spezifische Parasitentum nicht ein symbiotisches sei, sondern „zur Absorption des gastgebenden Systems durch den Konflikt in dem Maße (tendiere), als alle Aufmerksamkeit und alle Ressourcen für den Konflikt beansprucht werden" (Luhmann, 1984, S. 533) Der Konflikt kann nun durch die Konfligierenden selbst kaum mehr gestoppt werden. Auch das Angebot einer Partei einzulenken, funktioniert nun in der Regel nicht mehr. Der/die Andere will das Kooperationsangebot nicht annehmen, denn dies könnte (interpretiert vor dem Hintergrund der vorgegebenen Konfliktlogik) doch in Wirklichkeit ein Täuschungsmanöver, eine verdeckte Form der Schädigung sein. Durch diese Ablehnung wird der/die Kooperationswillige wieder zum konflikthaften Handeln gezwungen (Hug, 1997, 212 f.; vgl. Schneider, 1994). Die konfliktuösen Verhaltenserwartungen haben sich so verfestigt und generalisiert, dass sie den Dissens im Dissens aushalten und die Beteiligten damit ‚zwingen', sich an die Konfliktregeln zu halten.

Nun erklären die Aussagen über die sachlichen, sozialen und zeitlichen Generalisierungen von ‚Konfliktstrukturen' nur, weshalb kommunizierte Widersprüche zu stabilen Sozialsystemen werden, die durch einen spezifischen Sinnzusammenhang gekennzeichnet sind. Damit ist die prozessuale Komponente des Konflikts allerdings noch lange nicht befriedigend erklärt. Gerade lang andauernde Konflikte zeichnen sich durch spezifische Verläufe aus, die einerseits hohe Folgeschäden für die gastgebenden Systeme, also die Beziehungen, die Organisationen, die

Staaten etc., erzeugen, in welchen die Konfliktsysteme eine parasitäre Existenz aufbauen, andererseits durch eine zunehmende Härte der Auseinandersetzungen gekennzeichnet sind.

Im Allgemeinen werden Konflikte, die einen solchen Verlauf nehmen, als ‚eskalierende Konflikte' bezeichnet. Auf die theoretischen Hintergründe der Eskalation eines Konflikts wird im Folgenden näher eingegangen.

5.2.2 Konflikteskalation

In der Auseinandersetzung mit Grundpositionen der Konflikttheorie wurde bereits differenziert auf einen eskalationstheoretischen Ansatz, nämlich die in der Beratungspraxis außerordentlich stark rezipierte Arbeit von Glasl (1999), eingegangen. Dabei hat sich gezeigt, dass die Grenzen dieser Arbeit darin liegen, dass sie trotz aller anschaulichen Beschreibungen von Eskalationsprozessen deskriptiv, ohne Einbettung in eine konsistente Konflikttheorie bleibt.

Nun ist zunächst einmal zu fragen, was bei der Eskalation von Konflikten überhaupt passiert und wie dieses Geschehen in den bislang erarbeiteten theoretischen Ansatz integrierbar ist. Wird von der Konstruktion des Konflikts als einem sozialen System ausgegangen, dann lässt sich die Eskalation von Konflikten theoretisch als ungebremstes Wachstum des Konfliktsystems auf der Ebene der *inkludierten Personen*, der *Konfliktgegenstände* sowie der *eingesetzten Konfliktmittel* auffassen. In der Logik des Systems geht es dabei um eine sich permanent zuspitzende Gegnerschaft mit einer ständig zunehmenden Bereitschaft, alles zu tun, um aus dieser Gegnerschaft als Sieger hervorzugehen.

Bei der Eskalation von Konfliktsystemen zeigen sich dabei folgende drei typischen Phänomene:

- *Inklusion neuer Teilnehmer~innen bei gleichzeitiger Kollektivierung affektlogischen Denkens*

Werden Konflikte betrachtet, die umgangssprachlich als eskalierende Konflikte bezeichnet werden, dann fällt auf, dass in solche Konflikte in der Regel weitere Teilnehmer~innen einbezogen werden. Der Prozess der Inklusion weiterer Beteiligten ist theoretisch deshalb so interessant, weil diese automatisch – und dies ist kennzeichnend für die Inklusion – das dem Konflikt inhärente Denken übernehmen, was bedeutet, dass sich das „gastgebende System" ab diesem Zeitpunkt polarisiert. Der Mechanismus der Übernahme von konflikthaftem Denken durch die einbezogenen Personen entspricht dabei einer „Kollektivierung" individueller, konfliktspezifischer Affektlogik. Diese Kollektivierung läuft im Grunde nach dem gleichen Muster ab, wie jede Entstehung „sozialen Wissens" (vgl. dazu Schmidt, 1991). So erfahren die Mitglieder einer Partei im Kommunikationsprozess, dass sie ihre eigenen Konstruktionen über die Ungerechtigkeit der anderen Partei und die dabei empfundenen Emotionen den anderen unterstellen können. Es wird also (ungeprüft) davon ausgegangen, dass das, was in Bezug auf einen Konfliktzusammenhang gedacht und gefühlt wird, richtig sei, weil ja auch die Anderen anscheinend zumindest vergleichbar denken und anscheinend über vergleichbare, d. h. an die eigene Meinung anschlussfähige Konstruktionen berichten. Eine solche kollektive Affektlogik ist in diesem Sinne nicht mehr zwangsläufig an individuelle Reflexionsprozesse angekoppelt. Es reicht, dass ein anderes Mitglied der eigenen Partei in den konfliktbezogenen Zusammenhängen in bestimmter Weise Stellung bezieht. Die Inhalte werden in der Regel als richtig empfunden und wir teilen die von dem Sprecher zum Ausdruck gebrachte Emotion (siehe die folgende Textbox 2).[3]

Textbox 2: Realitätskonstruktionen von Fußballfans
Solche Prozesse lassen sich sehr gut am Beispiel kollektiver Realitätskonstruktionen der Fans von Fußballmannschaften beobachten. Dazu ist anzumerken, dass die Zurechnung von Fans zu ihrer Mannschaft nicht nur über Identifikation läuft, sondern auch über die Abgrenzung von anderen, konkurrierenden Gruppierungen (vgl. Bette & Schimank, 1995, S. 187). Aufgrund der Häufigkeit, mit denen die zentralen Personen des Fußballs, die Spieler-innen also, die Vereine wechseln, bedarf es nun allerdings seitens der Fußballfans enormer Anpassungsleistungen, um die Kriterien, die für eine Abgrenzung von anderen Gruppierungen herangezogen werden, aufrecht zu erhalten. In verschiedenen eigenen Unterrichtsgesprächen mit Studierenden zum Thema „Realität der Massenmedien" oder zur „Soziologie des Spitzensports" zeigte sich aber immer wieder, dass diese Anpassungsleistungen in der Regel stets in ähnlicher Weise und ohne das Bewusstsein, es würde beliebig konstruiert, vorgenommen werden. Um ein Beispiel für solche Diskussionen zu nennen: Der Verein FC Bayern München gilt für viele Fans anderer Fußballvereine als „arrogant". Diese Meinung wird auch in den Seminardiskussionen häufig vertreten und ist

---

[3] Die Kollektivierung von Affekten kann übrigens zuweilen regelrechte massenphänomenartige Konflikte nach sich ziehen (vgl. Ciompi, 1997, S. 250).

nicht selten ultrastabil. Sogar wenn ein Spieler der Mannschaft, als deren Fan sich Studierende bezeichnen, zum FC Bayern wechselt, kommt es vor, dass dieser als arrogant bezeichnet wird, was sich aus Sicht der betreffenden Fans im Seminar scheinbar leicht anhand von publizierten Gehaltsforderungen des Spielers, an Zitaten des Spielers aus dem Fußballmagazin „Kicker" oder einfach nur an seinen Verhaltensweisen auf dem Platz erkennen lässt. Nun zeigt die Bündelung und kritische Reflexion der Argumente im Anschluss an entsprechende Diskussionen im Seminar meist, dass sich die angeführten Kriterien, an denen eine angebliche Arroganz des FC Bayern und das Fehlen einer solchen bei anderen Vereinen beurteilt werden, beim genaueren Blick häufig als recht unpräzise erweisen und von Fan zu Fan differieren. Das Interessante an diesen Begründungen ist allerdings, dass sie sich aus verschiedenen Gründen besonders zur Kollektivierung eignen: Erstens erlauben sie eine moralische Zurechnung (z. B. ist viel Geld aus der Sicht vieler Fans moralisch schlechter als wenig Geld). Zweitens geht mit der Unklarheit der Argumente einher, dass sie wenig objektivierbar und damit hochgradig affektabhängig werden (wie z. B. die Bewertung des Auftretens einer Person in den Medien. Drittens sind die Argumente zumeist nicht bzw. nur schlecht überprüfbar, weil die Informationen nicht bzw. nur in begrenztem Maße der Öffentlichkeit zugänglich gemacht werden (z. B. nur die redaktionelle Bearbeitung einer Äußerung eines Spielers in den Medien und nicht die gesamte Aussage oder nur Teiletats eines Vereins anstatt des Gesamtetats).

Der kritische Reflexionsprozess im Seminar läuft meist über ein Frage-Antwort-Spiel. Hier zeigen sich beispielsweise folgende Dialoge: Antworten wir auf die Aussage eines Fans, ein bestimmter Spieler sei seit seinem Wechsel zum FC Bayern total arrogant, mit der Entgegnung, dieser habe sich doch bereits vorher so verhalten, dann wird dies häufig einfach bestritten. Halten wir dem Hinweis auf den hohen Etat des FC Bayern entgegen, dass der Etat anderer Mannschaften laut Presseberichten ein ähnliches, z. T. sogar höheres Volumen aufweist, dann wird damit gekontert, in anderen Berichten sei etwas anderes zu lesen. Und versuchen wir die Aussage, der Manager des FC Bayern verhalte sich in den Medien sehr überheblich, mit publizierten Äußerungen dieses Managers zu entkräften, in denen sich dieser als ein sehr moralischer Mensch bezeichnete, der sich an einmal getroffene Zusagen unbedingt halte, dann ist in der Regel auch der

5.2 Entstehung, Stabilisierung und Eskalation von Konfliktsystemen

> Erfolg dieser Entgegnung im Sinne eines Meinungsumschwungs des Fans ebenfalls mehr als fraglich.
> Was steckt dahinter? Dahinter steckt, dass die Frage, ob die Konstruktionen der Fans nun tatsächlich einer distanzierten Überprüfung standhalten oder nicht, für den Prozess der Identifikation durch Abgrenzung irrelevant ist. Entscheidend ist, dass der Kern der Aussagen (z. B., dass ein Verein „arrogant" sei) eine bestimmte emotionale Beziehung zu diesem Verein widerspiegeln. Was sich in den Diskussionen aber in besonderer Weise zeigt, ist, dass die eigenen oder im Kern ähnliche Aussagen von anderen Fans, die zur gleichen Gruppierung wie wir selbst gehören, geteilt werden („Frag' doch die anderen".... „Siehst du!"), ohne dass sie groß hinterfragt werden.

So viel zum Beispiel. Wie bedeutsam das Phänomen der Kollektivierung von Emotionen in Konflikten ist, wird häufig unterschätzt, weniger im Sport, der von aufmerksamen Beobachtenden als „zentraler Ort gesellschaftlicher ‚Gefühlsarbeit'" (Bette & Schimank, 1995, S. 185) bezeichnet wird, aber vor allem in politischen Zusammenhängen (z. B. wenn es um eine Bewertung der Berechtigung der Aktionen unterschiedlicher Parteien in Auseinandersetzungen wie dem Nahost-Konflikt geht). Denn gerade hier wird immer wieder übersehen, dass die angebliche „Wahrheit", die von der Gruppe vertreten wird, zu der wir uns selbst rechnen, in hohem Maße sozial abhängig und kontingent ist. Für den eigenen Verbleib in der Gruppe ist sie gleichwohl lebensnotwendig, denn die Kollektivierung von Affektlogik ist die zentrale Voraussetzung dafür, dass trotz Komplexitätszunahme auf der Sozialebene weiterhin eine klare Gegnerschaft aufrechterhalten werden kann.

- *Ausweitung des Konfliktgegenstandes bei gleichzeitiger Reduktion von Komplexität*

Ein zweites Phänomen eskalierender Konflikte ist, dass sie sich in der Regel nicht auf an einen Gegenstand beschränken. Denn mit der Inklusion neuer Teilnehmenden werden im Verlauf des Konflikts immer mehr inhaltliche Aspekte integriert. Dies heißt allerdings nicht, dass die Konfliktbeteiligten die Konfliktsituation komplexer wahrnehmen. Die Beteiligten neigen entsprechend (des mittlerweile kollektivierten) affektlogischen Denkens vielmehr dazu, so zu tun, als hätte der Konflikt nur einen Gegenstand: nämlich das einen selbst so stark benachteiligende Verhalten des anderen. Genau dies garantiert nämlich, den Konflikt trotz zunehmender Komplexität als einen von anderen abgrenzbaren wahrnehmen zu können.

Diesem Phänomen wird mittlerweile vor allem in der systemischen Familientherapie Rechnung getragen. Nehmen wir als Beispiel einen Konflikt zweier Eheleute, die sich nach 20 Jahren Ehe scheiden lassen wollen: Je härter der Konflikt geführt wird, umso größer wird die Wahrscheinlichkeit, dass auch die Kinder, die jeweiligen Geschwister und andere Verwandte und Freunde hineingezogen werden. Diese bringen wiederum ihre eigenen Erlebnisse mit dem/der Protagonist~in der Gegenseite oder mit den Personen, die diese~n unterstützen, in die Auseinandersetzung mit ein. Thematisiert wird also keinesfalls nur der Ehekrach und damit verbunden der Streit darüber, dass die Ehefrau z. B. zu viel Zeit bei der Arbeit und zu wenig Zeit mit ihrem Mann verbringt, während der Mann umgekehrt der Frau aus deren Sicht keinen Platz lässt. Mit diskutiert wird plötzlich auch, dass der Ehemann dem Schwager nicht beim Hausbau geholfen hatte, dass die Ehefrau irgendwann unfreundlich zur Schwägerin war, dass die Schwägerin den Schwager nicht grüßte usw. Würden die Beteiligten gefragt, um was es denn eigentlich beim Konflikt geht, würde mit hoher Wahrscheinlichkeit die Antwort gegeben: um den Ehekrach der scheinbaren Protagonisten und das doch so gemeine und nur auf Schädigung ausgerichtete Verhalten der Gegenseite.

Eine solche defensive Fokussierung auf Benachteiligung durch die jeweils andere Partei schafft die Bedingungen für eine weitere Eskalation des Konflikts. Genau sie ermöglicht es nämlich, eine klar konstruierbare Gegnerschaft aufrechterhalten zu können, indem sie den (für unbeteiligte Dritte schon lange nicht mehr nachvollziehbaren) Konflikt simplifiziert.

- *Anstieg der Gewaltbereitschaft bei gleichzeitigem Rückgang der Exit-Option*

Dieser Mechanismus bezieht sich auf das wohl auffälligste und gleichzeitig folgenreichste Phänomen eskalierender Konflikte: den zunehmenden Anstieg von Gewalt. Dieses Phänomen ist eine geradezu zwangsläufige Folge der defensiven Fokussierung auf Benachteiligung, die nämlich dazu führt, dass die Gegnerseite in zunehmendem Maße als Ursache für alle Probleme, die sie selber habe, angesehen wird.

Dabei wirkt auf der zeitlichen Ebene des Konfliktsystems vor allem der Sachverhalt der Umstrukturierung von Zeithorizonten durch die Beteiligten als eskalationsbeschleunigend. So nötigt die Entwicklung einer solchen Dynamik die am Konflikt Beteiligten zu Kurzschlussreaktionen unter Stressbedingungen (vgl. Hug, 1997, S. 212). Vor dem Hintergrund einer aus individueller Sicht

5.2 Entstehung, Stabilisierung und Eskalation von Konfliktsystemen

permanent präsenten Bedrohung bleibt keine Zeit mehr nachzudenken, Kompromisse oder andere Auswege zu suchen. Dieser Zeitmangel ist wiederum die Ursache dafür, dass die affektlogische Mustererkennung, das affektiv motivierte „Schubladendenken" also, andere Formen der Reflexion weitgehend verdrängt. In der medialen Berichterstattung über den Nahost-Konflikt lässt sich genau dieses Phänomen gut beobachten, wenn die beteiligten Parteien den Konflikt aus ihrer jeweiligen Perspektive schildern. So wird immer wieder behauptet, es gäbe keine Zeit für ein reflektiertes Verhandeln, denn müsse jederzeit mit Attentaten palästinensischer Gruppierungen oder mit Angriffen israelischer Militärs gerechnet werden. Entsprechend sei auch der Handlungsspielraum im Konflikt eingeschränkt.

Auf der sachlichen Ebene wird die Eskalation eines Konflikts durch eine Simplifizierung von Wirklichkeitskonstruktionen beschleunigt. Indem alle Ursachen des Konflikts auf den/die Gegner~in projiziert werden, wird kollektiv eine Ausweitung der eingesetzten Konfliktmittel gerechtfertigt. Simplifizierung reduziert in diesem Sinne mögliche Handlungsoptionen. Drohungen oder gar Gewalt werden als immer bedeutender angesehen, um die andere Seite zum Nachgeben zu zwingen, die Gewaltbereitschaft steigt zwangsläufig radikal an. Damit wird gleichzeitig das Gefahrenpotenzial der eingesetzten Konfliktmittel für die Gegnerseite, aber auch für das Gesamtsystem größer. Dabei spielt vor allem die Selbstreferentialität simplifizierter Wirklichkeitskonstruktionen eine wichtige Rolle, denn diese führt zu den bekannten spiralförmig ansteigenden Entwicklungen von Gewalteinsätzen. Je mehr psychische, körperliche oder soziale Gewalt eine Person erlitten hat, desto mehr fixiert sie sich auf den/die Gegner~in und desto näher liegt es, den/die Gegner~in für alle Probleme, die sie selbst hat, verantwortlich zu machen. Dieser Mechanismus beschreibt übrigens einen der in der Diskussion um Konflikte wie den Nahost-Konflikt meist bemühten Argumentationsstränge. Terrorgruppierungen rechtfertigen die Dissonanz ihrer Forderungen nach Respektierung ihrer Rechte bei gleichzeitig massiver Verletzung der Rechte anderer Bevölkerungsgruppen häufig gerade damit, dass diese Gruppen Mitglieder des Staates seien, für alle erlittenen Verletzungen und für alles erlittene Unrecht zentral verantwortlich sei. Umgekehrt macht der angegriffene Staat zum einen Personen oder Organisationen aus, denen die Hauptverantwortlichkeit für sämtliche begangenen oder auch potentiellen Terroranschläge zugeschrieben wird, zum anderen aber auch Mittäter~innen, denen unterstellt wird, sie seien Unterstützer~innen der Drahtzieher~innen und damit zur „Gruppe der Bösewichte gehörend" und trügen damit in irgendeiner Weise auch Mitverantwortung an terroristischen Bedrohungen und Schädigungen. Ob Letztere nun tatsächlich

Mitverantwortung tragen oder terroristische Gruppen unterstützen, wird dabei zumindest öffentlich nicht zwingend diskutiert. Genau mit solchen kollektivierenden Polarisierungen wird eine weitere Ausweitung der eingesetzten Konfliktmittel gerechtfertigt, was wiederum automatisch dazu führt, dass der Konflikt noch aggressiver geführt wird, und zwar auf beiden Seiten.

Auf der sozialen Ebene des Konflikts hat die Selbstbezüglichkeit bei der Konstruktion von Konfliktrealität einen Rückgang der exit-option zur Folge, der ebenfalls eskalationsbeschleunigend wirkt. Denn durch den Einsatz härterer Mittel wird in der Regel kein Nachgeben erreicht, die rekonstruktive Bewertung des Einsatzes von härteren Mittel rechtfertigt diese vor dem Hintergrund der Reaktionen des Gegenübers. Das Gegenüber reagiert auf „härtere" Gewalteinsätze in der Regel nämlich ebenfalls gewaltsamer, wodurch die Bedeutung härterer Gewalt beim Versuch, den anderen zum Nachgeben zu zwingen, im Nachhinein scheinbar bestätigt wird. Da diese Logik auf beiden Seiten des Konflikts zu finden ist, nimmt mit zunehmender Gewalt die Möglichkeit zum Ausstieg aus dem Konflikt ab. Entsprechend führt der Einsatz von härteren Drohungen oder Gewalt in Konflikten in der Regel eben nicht dazu, dass die andere Partei aufgibt, sondern hat genau den entgegengesetzten Effekt. Irgendwann haben die Beteiligten aufgrund der Drohungen und der Gewalt schon so viel investiert, dass sie nur noch mit allen Mitteln danach trachten, wenigstens weniger zu verlieren als der/die Gegner~in, um wenigstens den Sieg im Konflikt als Erfolg zu bilanzieren (vgl. Kahn, 1965). Konfliktparteien, die durch den Konflikt schon fast vernichtet sind, bleibt dementsprechend im Grunde gar nichts anderes mehr übrig, als das Spiel fertig zu spielen, da die Konfliktkosten bereits so hoch sind, dass nur noch die Zerstörung der anderen Partei als Kostenminimierung wahrgenommen wird. Im extremsten Fall wird sogar die eigene Selbstvernichtung in Kauf genommen, wenn die Konfliktpartei zu dem Eindruck gelangt, dass der/die andere ebenfalls vernichtet wird (vgl. Glasl, 1999, S. 278), was an diesem Punkt die letzte Befriedigung ist, die bleibt.

Der Prozess der Eskalation bietet sich in geradezu idealerweise für eine modellhafte Darstellung an. Eine solche sollte allerdings, wie in der Auseinandersetzung mit Glasls Arbeit im ersten Teil des vorliegenden Buches gefordert wurde, sich aus der theoretischen Konstruktion von Eskalation ergeben. Wird von den vorangegangenen Überlegungen ausgegangen, dann bietet sich ein Phasenmodell an[4]. Ein Phasenmodell hilft das Phänomen zu verstehen, dass jede

---

[4] Fasst man Eskalation als ungebremstes Wachstum eines Konfliktsystems auf, dann liegt nahe, ein solches Modell im Gegensatz zu Glasl (der Eskalation als Abstieg kennzeichnet)

5.2 Entstehung, Stabilisierung und Eskalation von Konfliktsystemen

Eskalationsphase für sich eine neue Qualität konfliktsystemischer Kommunikation beschreibt. So ist der Verlaufsmechanismus eines solch ungebremsten Wachstums nicht etwa ein linear ansteigender, sondern es finden sich vielmehr (hier in der Nutzung chaostheoretischer Begriffe) nichtlineare Phasensprünge, bei welchen – ausgehend von einem (vorübergehend) stabilen Gleichgewicht – sich Spannungen aufbauen, welche dieses Gleichgewicht stören. Ab dem Zeitpunkt, zu dem die „Energiezufuhr", d. h. die in den Konflikt eingebrachten und kommunizierten Affekte, einen kritischen Punkt erreichen, an welchem sie nicht mehr kompensierbar sind, schlägt der Status um und es bilden sich bifurkativ neue dissipative Strukturen (vgl. u. a. Ciompi, 1997, S. 135), die wiederum stabile Gleichgewichte (als stabile Endpunkte der Eskalationsphasen) darstellen. Für solche „Bifurkationen" in Konfliktprozessen gibt es übrigens eine Reihe von empirischen Belegen. Einer der Bekannteren entstammt einer Studie der Soziologinnen Donna Eder und Janet Lynne Enke (1991). In ihrer Studie zur Struktur von Gerüchten zeigte sich, dass Gerüchte über eine Person in einer Gruppe häufig damit anfangen, dass ein einzelnes Individuum eine entsprechende Bemerkung über ein anderes Gruppenmitglied (wie z. B. „Person X ist hinterlistig") macht. Wie sich der Rest der Gruppe verhält, hängt allerdings entscheidend von der Meinung ab, die eine zweite Person äußert. Unterstützt diese die Meinung der ersten, Person X sei hinterlistig, dann passt sich der größte Teil des Rests der Gruppe meist der Meinung der ersten beiden an, und zwar ohne diese noch einmal zu überprüfen (Eder & Enke, 1991). Äußert die zweite Person genau die gegenseitige Meinung, dann sinkt die Wahrscheinlichkeit, dass sich die Gruppe diesem Gerücht anschließt, auf ein Minimum. Hier zeigt sich also genau beim Übergang von der ersten zur zweiten Person eine Bifurkation. Entscheidet sich die zweite Person dafür, mit der ersten eine Koalition einzugehen, dann stellt sich in regelrecht rasender Geschwindigkeit ein Phasensprung, ein Wachstumsprozess auf der Ebene der inkludierten Personen, ein. Das Gerücht wird zum sozialen Wissen, die Affektlogik wird kollektiviert.

Nun stellt sich die Frage nach der Anzahl trennscharfer Phasen eines Eskalationsprozesses, die in den einschlägigen Arbeiten zur Konflikteskalation mit bis zu 44 (Kahn, 1965) beziffert wurden. Bei diesen Phasen lassen sich allerdings, wie oben angeführt, Überlappungen und Redundanzen finden. Als deutlich voneinander unterscheidbare Eskalationsniveaus lassen sich vor dem Hintergrund der vorangegangenen Überlegungen letztendlich nur vier Phasen identifizieren, bei welcher die erste Phase durch die Inklusion von Personen und die Integration

---

als ein *aufsteigendes* Phasenmodell zu kennzeichnen, da die miteinbezogenen Teilnehmer, Themen und Konfliktmittel einen Zuwachs und keine Abnahme bedeuten.

von Themen, die weiteren Phasen durch eine Verschärfung der eingesetzten Konfliktmittel gekennzeichnet sind. Zum Verlauf eskalierender Konflikte ist übrigens anzumerken, dass diese nicht sämtliche Phasen durchlaufen müssen. Eskalationsphasen werden häufig auch übersprungen, wenn es z. B. eine Konfliktpartei von Beginn an auf die Schädigung der anderen Partei abgesehen hat.

- *Eskalationsphase 1*

Die verstärkte Inklusion von neuen Teilnehmern und die Integration weiterer Themen ist deshalb als erste Phase aufzufassen, weil sie zwar ein Wachstum eines stabilen Konfliktsystems beschreibt, dieses Wachstum allerdings durchaus ohne eine Verschärfung der eingesetzten Konfliktmittel ablaufen kann. Hier ist zu beobachten, dass sich der Konflikt in Form von Koalitionsbildungen auf das gastgebende System überträgt und die Affektlogik kollektiviert wird. Trotz fehlender Gewaltzunahme steigt bereits mit dieser Inklusion die Wahrscheinlichkeit einer schädigenden Folgewirkung des Konflikts für das System, in welchem der Konflikt begonnen hat. Denn die destruktive Kraft des Konflikts liegt genau im Übergriff auf das gastgebende System, indem Koalitionen gebildet werden, die den Konflikt mit einer quasi „lawinenartigen" Wirkung auf das gastgebende System übertragen, wobei die im Verlaufe des Konflikts neu integrierten Themen mit dem eigentlichen Gegenstand des Ausgangskonflikts nichts mehr zu tun haben müssen. Doch sie werden durch die Konfliktparteien gemäß der Konfliktlogik im Lichte der polarisierten Konfliktkonstellation behandelt.

- *Eskalationsphase 2*

Ein von der ersten Phase deutlich unterscheidbares Wachstumsniveau stellt sich dann ein, wenn sich die Themen konfligierender Kommunikation in Richtung einer Schädigung der gegnerischen Partei bewegen, wenn also direkte Angriffe auf die gegnerische Partei unternommen werden. Diese laufen zunächst in Form einer Drohung von ‚Gewaltanwendung' und einer ‚Bloßstellung' der anderen Partei ab, mit dem Ziel, deren ‚wahre Natur' zu demaskieren, den/die Gegner~in also als „Bösewicht" zu demaskieren. Mit solchen Demaskierungsversuchen verringert sich die exit-Option, die sich bereits im Zusammenhang mit der Koalitionsbildung reduzierte, um ein Weiteres. Die sozialen, sachlichen und zeitlichen Investitionen in den Konflikt sind mittlerweile so stark angestiegen, dass ein Ausstieg nur noch dann denkbar wäre, wenn beide Konfliktpartner~innen sich als Sieger der Auseinandersetzung fühlen könnten. Das Dilemma dieser Situation ist allerdings, dass bereits zu diesem Zeitpunkt mindestens eine Gegnerpartei

5.2 Entstehung, Stabilisierung und Eskalation von Konfliktsystemen

auf jeden Fall auch „Investitionsverluste" erleidet. Dies bringt es mit sich, dass das Konfliktverhalten der beiden Konfliktparteien im weiteren Eskalationsprozess zunehmend aggressiver wird. In dieser Phase fallen z. B. die bekannten „Entweder er oder ich"- oder „wenn du..., dann..."-Drohungen, die eine Formulierung konkreter Folgehandlungen enthalten, die dann einsetzen, wenn nicht das passiert, was in der Drohung gefordert wird.

- *Eskalationsphase 3*

Beschränkt sich die Konfliktkommunikation nicht auf den Einsatz von Drohungen, sondern wird gewaltsamer, um z. B. die Glaubwürdigkeit der Drohung zu erhöhen, dann setzt wieder ein Phasensprung ein, der dadurch gekennzeichnet ist, dass es nunmehr um die Beschädigung der gegnerischen Partei geht, die zu diesem Zeitpunkt allerdings noch auf strategische Punkte begrenzt ist[5]. Das Entscheidende an dieser Phase ist der Sachverhalt, dass bis zu diesem Zeitpunkt der Abbruch der Konflikthandlungen für eine Konfliktpartei immer noch bedeuten konnte, dass sie aus dem Konflikt einen Nutzen erzielt, der über die Investitionen hinausgeht. Doch mit einer erlittenen Schädigung werden die in den Konflikt investierten Kosten in der Regel so hoch, dass für beide Parteien der jeweils bestmögliche Ausgang des Konflikts der ist, bei dem der eigene Schaden möglichst gering ist.

- *Eskalationsphase 4*

Der diametral entgegengesetzten Zunahme der Investitionen und Abnahme des potenziell erwartbaren Nutzens verläuft eine weitere Zunahme von Gewalt noch extremer, nämlich in Richtung einer fundamentalen Schädigung der gegnerischen Partei. Den Beteiligten bleibt im Grunde gar nichts mehr übrig, als das Spiel fertig zu spielen. Denn die Kosten sind bereits so hoch, dass nur noch das „Sich-als-Sieger-im-Konflikt-Fühlen" etwas vom bereits erlittenen Verlust mindern kann. Die Gegnerschaft zielt deshalb nur noch auf Kostenminimierung im Vergleich zu den Kosten des Gegenübers ab. Die in den vorangegangenen Phasen eingesetzten Konfliktmittel können qualitativ nur noch dadurch gesteigert werden, dass die Zerstörung der anderen Partei durch eine Vernichtung der für diese existenziell bedeutsamen Ressourcen angestrebt wird. Dies kann im Extremfall eben zur

---

[5] Der Aspekt der Glaubwürdigkeit von Drohungen wird vor allem spieltheoretischen Konfliktmodellen im Zusammenhang mit Selbstbindung diskutiert; vgl. Dixit/Nalebuff (1997), Jost (1998).

eigenen Selbstvernichtung führen, wenn sich der Eindruck festsetzt, dass der/die andere ebenfalls vernichtet wird.

Im folgenden Schaubild wird der Prozess der Stabilisierung und Eskalation eines Konflikts grafisch veranschaulicht (Abb. 5.3). Ausgehend von einem kommunizierten Widerspruch stabilisiert sich ein Konflikt in der ersten Phase, auf die dann die vier Eskalationsphasen folgen. Ebenfalls im Schaubild abgebildet sind die Verläufe der exit-option, der Konfliktinvestitionen, des Erwartungsnutzens einer Kooperation und des Erwartungsnutzens konflikthaften Verhaltens. Abgebildet ist schließlich auch das Verhältnis von Konfliktinvestition und möglichem Output des Konflikts (z. B. Recht haben, Auszahlung von Konfliktgegenständen) bei einem Abbruch.

Erzeugen eskalierende Konflikte Schäden für die gastgebenden Systeme, dann wird in der Regel die Frage gestellt, wie es erreicht werden könnte, dass die Konflikte abflauen oder zu einer Beendigung kommen. Wie die Deeskalation von Konflikten vom Prinzip her funktioniert, wird im folgenden Kapitel erörtert.

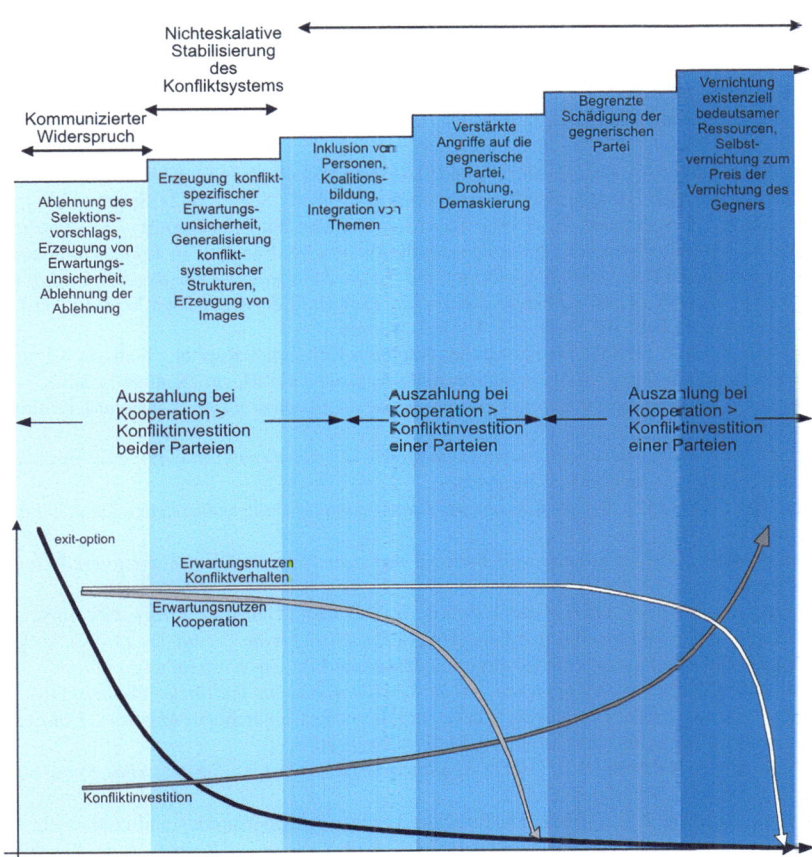

Abb. 5.3 Der Prozess der Stabilisierung und Eskalation eines Konflikts. (Eigene Darstellung)

Literatur

Bateson, G., & Jackson, D. D. (1996). Some Varieties of Pathogenic Organisation. In D. M. R. Rioch (Hrsg.), *Disorders of Communication, Research Publications Association for Research in Nerves an Mental Desease* (Bd. 42, S. 83–270). Williams & Wilkins.

Berr, K. (2022). Planungs- und Natur(schutz)ethik – eine großschutzgebietsbezogene Kritik. *Berichte. Geographie und Landeskunde, 95*(4), 336–358.

Berr, K., Jenal, C., Koegst, L., & Kühne, O. (2022). *Noch mehr Sand im Getriebe? Kommunikations- und Interaktionsprozesse zwischen Landes- und Regionalplanung, Politik und Unternehmen der Gesteinsindustrie (RaumFragen – Stadt – Region – Landschaft)*. Springer VS.

Berr, K., & Kühne, O. (2024). Moral und Ethik von Landschaft. In O. Kühne, F. Weber, K. Berr, & C. Jenal (Hrsg.), *Handbuch Landschaft* (2. Aufl., S. 647–662). Springer VS.

Bette, K.-H., & Schimank, U. (1995). Zuschauerinteresse am Spitzensport – Teilsystematische Modernisierung des gesamtgesellschaftlichen Verdrängten. In J. Hinsching & F. Borkenhagen (Hrsg.), *Modernisierung und Sport. Jahrestagung der dvs-Sektion Sportsoziologie vom 14.-16.9.1994 in Greifswald* (Schriften der Deutschen Vereinigung für Sportwissenschaft, Bd 67, S. 181–191). Academia.

Bourdieu, P. (2005 [1983]). Ökonomisches Kapital – Kulturelles Kapital – Soziales Kapital. In P. Bourdieu (Hrsg.), *Die verborgenen Mechanismen der Macht* (S. 49–80). VSA.

Bourdieu, P. (2016). *La distinction: Critique sociale du jugement (Le Sens commun)*. Editions de Minuit.

Ciompi, L. (1997). *Die emotionalen Grundlagen des Denkens. Entwurf einer fraktalen Affektlogik*. Vandenhoeck & Ruprecht.

Dahrendorf, R. (1957). *Soziale Klassen und Klassenkonflikt in der industriellen Gesellschaft*. Enke.

Dahrendorf, R. (1972). *Konflikt und Freiheit. Auf dem Weg zur Dienstklassengesellschaft*. Piper.

Dahrendorf, R. (1979). Frieden durch Politik. In Volksbund Deutsche Kriegsgräberfürsorge Landesverband Baden-Württemberg (Hrsg.), *Rückblick für die Zukunft* (S. 11–22). Volksbund Deutsche Kriegsgräberfürsorge Landesverband Baden-Württemberg.

Dahrendorf, R. (1994). *Der moderne soziale Konflikt. Essay zur Politik der Freiheit*. Dtv.

Dahrendorf, R. (2000). Die globale Klasse und die neue Ungleichheit. *Merkur – Deutsche Zeitschrift für europäisches Denken 54*,(11), 1057–1068.

Dixit, A. K., & Nalebuff, B. J. (1997). *Spieltheorie für Einsteiger. Strategisches Know-how für Gewinner*. Schäffer-Poeschel.

Eder, D., & Enke, J. L. (1991). The structure of gossip: Opportunities and constraints on collective expression among adolescents. *American Sociological Review, 56*(4), 494–508.

Glasl, F. (1999). *Konfliktmanagement. Ein Handbuch zur Diagnose und Behandlung von Konflikten für Organisationen und ihre Berater* (5. Aufl.). Haupt; Freies Geistesleben.

Globus, G. G. (1995). *The Postmodern Brain*. Benjamins.

Grau, A. (2017). *Hypermoral. Die neue Lust an der Empörung* (2. Aufl.). Claudius.

Groth, T. (1999). *Wie systemtheoretisch ist „Systemische Organisationsberatung"? Neuere Beratungskonzepte für Organisationen im Kontext der Luhmannschen Systemtheorie*. LIT.

Hug, D. M. (1997). *Konflikte und Öffentlichkeit. Zur Rolle des Journalismus in sozialen Konflikten*. Westdeutscher Verlag.

Jeffrey, R. C. (1965). *The logic of decision*. McGraw-Hill.

Jost, P.-J. (1998). *Strategisches Konfliktmanagement in Organisationen. Eine spieltheoretische Einführung*. Gabler.

Kahn, H. (1965). *On Escalation. Metaphors and Scenarios*. Pall Mall.

Literatur

Kelley, H. H. (1950). The warm-cold variable in first impressions of persons. *Journal of Personality, 18*(4), 431–439. https://doi.org/10.1111/j.1467-6494.1950.tb01260.x

Kühne, O. (2008). *Distinktion – Macht – Landschaft. Zur sozialen Definition von Landschaft.* VS Verlag.

Kühne, O. (2020). Landscape Conflicts. A Theoretical Approach Based on the Three Worlds Theory of Karl Popper and the Conflict Theory of Ralf Dahrendorf, Illustrated by the Example of the Energy System Transformation in Germany. *Sustainability: Science, Practice and Policy, 12*(17), 1–20. https://doi.org/10.3390/su12176772.

Kühne, O. (2024). *Redescribing Horizontal Geographies. A Neopragmatist Approach to Spatial Contingency, Complexity, and Relationships.* Springer International.

Kühne, O., Berr, K., & Jenal, C. (2022). *Die geschlossene Gesellschaft und ihre Ligaturen. Eine Kritik am Beispiel ‚Landschaft'.* Springer VS.

Kühne, O., Berr, K., Schuster, K., & Jenal, C. (2021). *Freiheit und Landschaft. Auf der Suche nach Lebenschancen mit Ralf Dahrendorf.* Springer.

Kühne, O., & Koegst, L. (2023). *Land Loss in Louisiana. A Neopragmatic Redescription.* Springer VS.

Luhmann, N. (1964). *Funktionen und Folgen formaler Organisation.* Duncker & Humblot.

Luhmann, N. (1981). *Ausdifferenzierung des Rechts. Beiträge zur Rechtssoziologie und Rechtstheorie.* Suhrkamp.

Luhmann, N. (1984). *Soziale Systeme. Grundriß einer allgemeinen Theorie.* Suhrkamp.

Luhmann, N. (1987). *Soziale Systeme. Grundriß einer allgemeinen Theorie.* Suhrkamp.

Nida-Rümelin, J. (2020). *Die gefährdete Rationalität der Demokratie. Ein politischer Traktat.* Edition Körber.

Nienaber, B., & Reich, A. (2015). Moscheebauten und Minarettstreit in Hessen, Rheinland-Pfalz und im Saarland am Beispiel der Selimiye-Moschee in Völklingen. In B. Nienaber & U. Roos (Hrsg.), *Internationalisierung der Gesellschaft und die Auswirkungen auf die Raumentwicklung. Beispiele aus Hessen, Rheinland-Pfalz und dem Saarland* (Arbeitsberichte der ARL, Bd. 13, S. 43–53). Selbstverlag.

Nollmann, G. (1997). *Konflikte in Interaktion, Gruppe und Organisation. Zur Konfliktsoziologie der modernen Gesellschaft* (Studien zur Sozialwissenschaft, Bd. 174). Westdeutscher Verlag.

Paris, R. (2005). *Normale Macht. Soziologische Essays.* UVK.

Popper, K. R. (2003 [1945]). *Die offene Gesellschaft und ihre Feinde. Band 1: Der Zauber Platons* (8. Aufl.). Mohr Siebeck.

Riesman, D. (1950). *The lonely crowd.* Yale University Press.

Sainsbury, R. (1993). *Paradoxien.* Reclam.

Schmidt, S. J. (1991). Der Radikale Konstruktivismus. Ein neues Paradigma im interdisziplinären Diskurs. In S. J. Schmidt (Hrsg.), *Der Diskurs des Radikalen Konstruktivismus* (2. Aufl., S. 11–88). Suhrkamp.

Schneider, W. L. (1994). *Die Beobachtung Von Kommunikation. Zur kommunikativen Konstruktion sozialen Handelns.* Westdeutscher Verlag.

Tomm, K. (1996). *Die Fragen des Beobachters. Schritte zu einer Kybernetik zweiter Ordnung in der systemischen Therapie* (2. Aufl.). Carl-Auer.

Treml, A. K. (1982). *Theorie struktureller Erziehung. Grundlagen einer pädagogischen Sozialisationstheorie.* Beltz.

Watzlawick, P., Beavin, J. H., & Jackson, D. D. (1996). *Menschliche Kommunikation. Formen, Störungen, Paradoxien* (9., unveränderte Auflage). Huber.

Weber, M. (1976 [1922]). *Wirtschaft und Gesellschaft. Grundriß der verstehenden Soziologie*. Mohr Siebeck.

Werlen, B. (1986). Thesen zur handlungstheoretischen Neuorientierung sozialgeographischer Forschung. *Geographica Helvetica, 41*(2), 67–76. https://doi.org/10.5194/gh-41-67-1986

Werlen, B. (1997). *Gesellschaft, Handlung und Raum. Grundlagen handlungstheoretischer Sozialgeographie* (Erdkundliches Wissen, Bd. 89). Steiner.

Willke, H. (1993). *Systemtheorie entwickelter Gesellschaften. Dynamik und Riskanz moderner gesellschaftlicher Selbstorganisation* (2. Aufl.). Juventa.

Willke, H. (1996). *Systemtheorie II: Interventionstheorie. Grundzüge einer Theorie der Intervention in komplexe Systeme* (2., veränderte Auflage). Fischer.

'Abklingen' von Konflikten – zwischen Regelung (Dahrendorf) und Desintegration (Luhmann)

6

Zusammenfassung

In diesem Kapitel behandeln grundlegende Prinzipien der Regelung und Deeskalation von Konflikten. Wir deuten an, wie Konflikte identifiziert, analysiert und bearbeitet werden können. Ebenfalls gehen wir kurz auf Techniken des Umgangs mit sozialen Konflikten, wie Mediation, Verhandlung und Moderation, ein. In diesem Kapitel wird deutlich, welcher praktische Nutzen die theoretische Perspektive auf den Umgang mit Konflikten aufweist.

Schlüsselwörter

Konfliktanalyse • Konfliktlösung • Umgang mit Konflikten • Konfliktregelung • Mediation • Verhandlung • Deeskalation

Nachdem wir uns im vorangegangenen Kapitel der Differenzierung der Konflikttheorien von Ralf Dahrendorf und Niklas Luhmann zugewandt und dabei insbesondere die Entstehung und Verläufe von Konflikten thematisiert haben, werden wir uns im Folgenden damit befassen, wie Konflikte ‚abklingen' können. Im Fall Dahrendorfs werden wir uns damit befassen, unter welchen Bedingungen Konflikte einer produktiven Regelung zugeführt werden können, und Luhmanns Überlegungen erweiternd, wie sie ‚desintegriert' werden können.

© Der/die Autor(en), exklusiv lizenziert an Springer Fachmedien Wiesbaden GmbH, ein Teil von Springer Nature 2024
A. Thiel and O. Kühne, *Theorien sozialer Konflikte – vom Überblick zur konzeptionellen Weiterentwicklung*, https://doi.org/10.1007/978-3-658-45869-0_6

6.1 Regelung von Konflikten – der Beitrag Dahrendorfs

Die friedliche Regelung von Konflikten ist aus der Perspektive von Ralf Dahrendorf die zentrale Möglichkeit, dass Konflikte ihr gesellschaftlich produktives Potenzial entfalten können. Die Möglichkeiten für diese produktive Wirkung von Konflikten kann durch den Einfluss von Ligaturen indes gemindert werden.

6.1.1 Konfliktregelung als Umgang mit sozialen Konflikten in demokratischen Gesellschaften

Ralf Dahrendorf benennt – wie bereits in Abschn. 4.1 angesprochen – drei Arten des Umgangs mit Konflikten: Die Unterdrückung von Konflikten, die Lösung von Konflikten und die Regelung von Konflikten. Bei der Unterdrückung von Konflikten wird weder Konfliktgegenstand noch dessen Ursache beseitigt. Die Konfliktgruppen werden hierbei vielmehr in ihrer Bildung behindert, dies wiederum begünstigt die Verstärkung des Konfliktpotenzials, weil sich die Konfliktpartien nicht offen artikulieren können und so gesellschaftlich auch kein Mechanismus des Umgangs mit dem Konflikt besteht. Dadurch kann das Konfliktpotenzial so weit wachsen, dass der Konflikt ungeordnet eruptiert, in Form von Volksaufständen, die sich in Revolutionen auswachsen können. Diese Eruptionen können einen hohen Grad an Intensität und Brutalität aufweisen (Dahrendorf, 1972, 1992). Nicht alleine weil diese Eruptionen zum Tod vieler Menschen führen können, lehnt Dahrendorf diese Form des Umgangs mit Konflikten ab, sondern auch weil die Unterdrückung von Konflikten nur in sozialen Kontexten nötig ist, in denen bürgerliche Freiheiten (etwa das Recht auf freie Meinungsäußerung) erheblich eingeschränkt sind – und somit die Vorteile einer ‚Offenen Gesellschaft' (Popper, 2003 [1945]), wie insbesondere die Fähigkeit, für konkrete Probleme eine Vielzahl von Lösungsmöglichkeiten zu entwickeln und nach Erprobung, die tauglichste zu wählen, eingeschränkt werden (Dahrendorf, 1995).

Auch die Lösung von Konflikten hält Dahrendorf für keine ernsthaft zu erwägende Option. Eine Konfliktlösung bedeutet für ihn die Beseitigung der dem Konflikt zugrunde liegenden sozialen Gegensätze. Gesellschaftliche Unterschiede sind indes jeder bis dato gekannten Gesellschaft innewohnend. Die Gefahr des Versuchs der Lösung von Konflikten verdeutlicht Dahrendorf (1972, S. 41) folgendermaßen: „Wer versucht, Konflikte für immer zu lösen, gerät [...] bald in die gefährliche Situation, unter Anwendung von Gewalt den Eindruck zu erwecken, dass ihm jene ‚Lösung' gelungen ist, die ihm der Natur der Sache nach nicht gelingen konnte". Seine Kritik an der Vorstellung der Lösungsfähigkeit von Konflikten bezieht sich nicht allein auf empirisch beobachtbare Strukturen von Gesellschaften, sie ist aber auch auf einen potenziellen Zielzustand einer konfliktfreien Gesellschaft gerichtet. Da er gesellschaftliche Veränderungen konstitutiv mit sozialen Konflikten in Verbindung bringt, bedeutet eine Gesellschaft ohne soziale Unterschiede – also ohne strukturelles Konfliktpotenzial – für ihn eine Gesellschaft ohne Veränderung: „Wenn keine Normen gesetzt, verändert, auch aufgehoben werden, dann erstarren soziale Strukturen im Gefängnis der Tradition, von der es zumindest zweifelhaft sein muss, ob sie wirklich allen neuen Situationen gewachsen ist" (Dahrendorf, 1968, S. 330)[1].

Unter den von ihm thematisieren Formen des Umgangs mit Konflikten favorisiert Dahrendorf deren Regelung. Mit deren Regelung verbindet er auch das Potenzial, für die Entwicklung der Gesellschaft nutzbar zu sein. Eine erfolgreiche Konfliktregelung gründet auf fünf Voraussetzungen:

1. Die Konfliktgegensätze müssen von den Konfliktparteien als berechtigte Dimension der sozialen Normalität anerkannt werden und nicht etwa als ein normwidriger Zustand, der sinnvollerweise zu unterdrücken oder zu lösen wäre.
2. Die Konfliktregelung bezieht sich auf die Ausprägungen des Konfliktes, nicht etwa auf dessen Ursachen. Wären diese Gegenstand, würde eine Konfliktlösung angestrebt. So wird in Tarifkonflikten um Arbeitszeit- und Gehaltsregelungen gerungen, nicht die Frage, ob die gesellschaftliche Institution des Privateigentums an Produktionsmitteln abgeschafft werden soll.
3. Der Grad der Organisation der Konfliktparteien sollte hoch sein. Je klarer geregelt, wer berechtigt ist, im Namen der Konfliktpartei zu sprechen und in welchem Rahmen sich der Entscheidungsspielraum der Personen bewegt, desto größer ist die Wahrscheinlichkeit eines für beide Konfliktparteien akzeptierten Ergebnisses.

---

[1] Empirisch lassen sich auch weitere Formen des Umgangs mit latenten Konflikten feststellen: Etwa deren Invisibilisierung, indem gesellschaftlich keine Arenen zur Verfügung gestellt werden, den Konflikt auszutragen. Eine andere Form ist die Bürokratisierung des Konfliktes, indem Konflikte (insbesondere innerhalb von Organisationen) durch die wenig funktionale Befassung mit wenig relevanten Aufgaben nicht manifest werden können (weil die Akteure erzwungenermaßen mit anderen Dingen befasst sind) oder weil eine Manifestation in den Strukturen der Organisation nicht vorgesehen sind. Entsprechend können Konflikte hier nicht ihr produktives Potenzial entfalten (siehe dazu: Kühne et al., 2021a; Seibel, 2016).

4. Während der Austragung des Konflikts sind zuvor vereinbarte oder anderweitig bestimmte Regeln einzuhalten. Diese Regeln dürfen keine der konfligierenden Parteien bevorteilen.
5. Die Konfliktparteien müssen einander als gleichwertig betrachten, die Position der jeweils anderen Konfliktpartei als legitim anerkennen (dieser Punkt ließe sich auch als Teil von Punkt 4 formulieren, infolge zahlreicher empirischer Befunde zur Konfliktentwicklung, die eine geringe Bereitschaft der Anerkenntnis der Gleichwertigkeit beider Positionen zur Kenntnis bringen, wird dieser Aspekt hier explizit benannt; etwa bei: Kittler, 2021; Kühne et al., 2021b; Lampke & Weber, 2024).

Aus diesen fünf Bedingungen wird bereits ein starker Fokus auf eine institutionelle Strukturierung deutlich, soll ein sozialer Konflikt geregelt werden. Eine solche wird auch in der Formulierung einer Rahmenbedingung deutlich. Eine Konfliktregelung (durch die Konfliktparteien) wird für Dahrendorf zudem durch das Vorhandensein einer Dritten Partei erleichtert, die legitimiert und in der Lage ist, eine Bändigung von Konflikten – auch gegen den Willen der Konfliktparteien – herbeizuführen. Diese Aufgabe kommt in demokratischen Gesellschaften staatlichen Institutionen zu, sie ist für Dahrendorf (1991, S. 385) als Element der „Freiheit unter dem Schutz des Gesetzes" zu verstehen. Eine Regelung sozialer Konflikte bedeutet nicht, dass diese verschwinden, aber sie verlieren ihre potenzielle Destruktivität und können für einen gesellschaftlichen Fortschritt mobilisiert werden, etwa um taugliche Lösungen für konkrete Probleme zu finden oder um die Resilienz einer Gesellschaft zu erhöhen, die ermöglicht, dass auch Konflikte mit größerer potenzieller Intensität und Brutalität einer Regelung zugeführt werden (können). Hier werden wiederum die Möglichkeiten einer ‚Offenen Gesellschaft' deutlich: „Freie Gesellschaft ist gestatteter, ausgetragener, geregelter Konflikt, der schon durch diese Merkmale das Grundniveau der Lebenschancen ansetzt, als alle Spielarten der Unfreiheit es könnten" (Dahrendorf, 1972, S. 7). Dahrendorf erkennt in der Demokratie und dem Totalitarismus im Umgang mit Konflikten zwei polare Positionen: „Der Totalitarismus beruht auf der (oft als ‚Lösung' ausgegebenen) Unterdrückung, die Demokratie auf der Regelung von Konflikten" (Dahrendorf, 1972, S. 44–45). In einer Demokratie sieht er eine zentrale Zuständigkeit: „Möglicherweise liegt in der rationalen Bändigung sozialer Konflikte eine der zentralen Aufgaben der Politik" (Dahrendorf, 1972, S. 44). Diese Fähigkeit zu Regelung von Konflikten hält er für Demokratie konstitutiv, diese sei vor allem „eine Nachfolgeregelung, die im günstigsten Fall zu raschen Wachablösungen ohne Blutvergießen und selbst unnötig böses

Blut führen kann" (Dahrendorf, 1995, S. 58), eine Ansicht, mit der Karl Popper folgt, der diesen Gedanken bereits unter Eindruck der totalitären Regime des Nationalsozialismus und des Stalinismus formuliert hatte (Popper, 2003 [1945]).

6.1.2 Der Einfluss von Ligaturen auf die Möglichkeiten der Regelung sozialer Konflikte

Die Möglichkeit der erfolgreichen Regelung von Konflikten ist nicht allein von deren Institutionalisierung abhängig, sondern auch von dem Einfluss von Ligaturen, die im Konfliktverlauf wirksam werden (siehe Abschn. 4.1.2 und 4.1.3). Die unterschiedlichen Ligaturenarten wirken dabei in unterschiedlicher Weise auf die Fähigkeit zur Konfliktregelung ein. Anhand der im vorangegangenen Abschnitt vorgestellten fünf Voraussetzungen für eine erfolgreiche Konfliktregelung soll der Einfluss der unterschiedlichen Ligaturenarten verdeutlicht werden:

1. Anerkenntnis von Konflikten als soziale Normalität. Gerade bei der Anwendung von verallgemeinerten und außengerichteten moralischen Normen besteht eine Tendenz, Konflikte nicht als normalen Bestandteil von Gesellschaft anzuerkennen. Schließlich neigen moralische Ligaturen zu einem Exklusivitätsanspruch, der alternative moralische Ligaturen (aber auch ethische) abwertet. Entsprechend wird auf einer solchen ligaturischen Grundlage Konflikt als Widerspruch zu der verallgemeinerten außengerichteten moralischen Norm verstanden. Implizite Ligaturen wiederum stützen und schützen ein unhinterfragtes ‚Weiter-so-wie-Bisher'. Konflikte unterbrechen eine solche Kontinuitätserwartung und erzwingen eine Explizitmachung von impliziten Ligaturen. In explizit gemachter Form können wiederum ethische Ligaturen wirken. Mit ihrer Hilfe kann die Normalität von Konflikten hervorgehoben werden. Eine Innenrichtung von Ligaturen wiederum wirkt insgesamt dämpfend auf die Intensität von Konflikten, hat aber kaum einen Einfluss auf die Anerkenntnis der Normalität von Konflikten. Leibliche und leiblich vermittelte soziale Ligaturen sind wenig von der Anerkenntnis der Normalität von sozialen Konflikten tangiert – sofern Konflikte nicht in physischen Auseinandersetzungen münden – und damit den Rahmen einer Konfliktregelung ohne Blutvergießen hinter sich gelassen haben.
2. Ausrichtung auf Ausprägung des Konfliktes. Moralische Ligaturen neigen – insbesondere, wen sie außengerichtet sind – zur Generalisierung, insofern erschweren sie dessen Ausrichtung auf möglichst klar umrissene und sachliche Fragestellungen. Ein Umreißen und Eingrenzen des Konfliktthemas lassen

sich insbesondere dann vollziehen, wenn Ligaturen explizit gemacht werden. Insofern unterstützen explizite ethische Ligaturen die Ausrichtung des Konfliktes, wenn es gelingt, Konflikte auf einer Sach- und Verfahrensebene zu verhandeln, sie nicht einer Moralisierung zuzuführen.
3. Organisation. Die Anwendung moralischer Ligaturen erleichtert die Dichotomisierung der Konfliktgruppen. Damit schafft sie zumindest eine Voraussetzung für Organisation. Ob es gelingt, eine rationale Organisation auf einer solchen Grundlage zu entwickeln, ist von dem Geschick agierender Akteure abhängig. Auch in Bezug auf Implizitheit und Explizitheit zeigt sich der Unterschied zwischen innerer Kohärenz und dem Erfolg einer Konfliktregelung: Die Verfügbarkeit impliziter Ligaturen kann zur inneren Kohärenz beitragen, während sie im Konflikt eine Regelung erschwert.
4. Akzeptanz von Regeln. Diese setzt voraus, dass die eigenen Moralvorstellungen nicht über die Verfahrensregeln gestellt werden. Insofern wirken hier ethische Ligaturen im Sinne einer Konfliktregelung eher unterstützend als die Anwendung moralischer Ligaturen. Regeln basieren auf expliziten Ligaturen, die für beide Konfliktparteien gelten. Insofern wirken implizite Ligaturen hier tendenziell für die Konfliktregelung behindernd. Soll eine Konfliktregelung gelingen, sollten die Regeln Ausdruck innen- wie außengerichteter Ligaturen sein, kurz: Das Prinzip der Verfahrensgerechtigkeit erwartet von beiden Konfliktparteien, dass basale Reglungen bei beiden eine ligaturische Basis haben.
5. Gleichwertigkeit. Auch in diesem Aspekt greift das Problem moralischer Ligaturen. Dies gilt insbesondere dann, wenn diese außengerichtet und implizit sind, da hier zumeist eine eigene Selbstüberhöhung und eine gleichzeitige Abwertung der anderen Konfliktpartei vollzogen wird. Gleichwertigkeit könnte wiederum auf Grundlage ethischer Ligaturen reflexiv als konstitutive Basis der Konfliktregelung hergestellt werden. Hier erhalten auch leiblich vermittelte soziale Ligaturen eine Bedeutung, etwa als Grundlage für materielle Arrangements bei den konkreten Verhandlungen um Konfliktregelungen.

Als durchaus herausfordernd gestaltet sich auch der Umgang mit der Dritten Instanz, etwa der Politik, aber auch staatlicher Organe, wenn moralische Ligaturen so angelegt sind, dass diese außengerichtet und verallgemeinernd und in einer Weise angelegt sind, dass die Dritte Instanz nur dann anerkannt wird, wenn sie den eigenen moralischen Ligaturen entspricht. Damit wird das Rechtstaatsprinzip der Überordnung des Rechts über das Gute (Rawls, 1971) umgangen – und die Dritte Instanz gerät in die Mühlen konkurrierender moralischer Ligaturen.

Mit der teilweisen Ausnahme der Formierung und Organisation der Konfliktparteien wirken moralische Ligaturen wenig zuträglich auf die Regelbarkeit von Konflikten, da mit ihnen das Streben nach einer (vielfach essentialistisch begründeten) ‚höheren' Gerechtigkeit verbunden ist als die (dann schnöde erscheinende) Verfahrensgerechtigkeit, die allerdings die Grundlage für eine Konfliktregelung ist. Gerade verallgemeinerte, außengerichtete moralische Ligaturen verleiten (nicht allein im Konflikt) dazu, andere moralische Ligaturen und jene, die sich daran gebunden fühlen, als nicht ebenbürtig anzusehen. Insofern basiert hierauf eher das Bestreben nach einer ‚Konfliktlösung' in Form der Abschaffung der gegnerischen Konfliktposition. Einer Konfliktregelung zuträglich ist indes eine auf ethischen Ligaturen begründete Einhaltung von Fairnessnormen, was auch in weiten Teilen die Explizitmachung von Ligaturen bedeutet. Leibliche Ligaturen können eher Ursache von Konflikten sein, als dass sie während der Konfliktregelung bedeutsam sind (auch wenn sie während dieser unhintergehbar sind, weil etwa der menschliche Körper nach Nahrung verlangt). Leiblich vermittelte soziale Ligaturen sind etwa dann zu beachten, wenn es darum geht, leibliche Arrangements zu schaffen, die einer Konfliktreglung zuträglich sind.

6.2 Desintegration von Konflikten – der Beitrag Luhmanns

Luhmann (1984) thematisiert Desintegration als eine Kommunikation über Konfliktkommunikation, die durch die Einbeziehung einer weiteren, nicht am Konflikt beteiligten Person in das Konfliktsystem ermöglicht wird, indem alternative Deutungen der Konfliktkommunikation eingeführt werden. Eine unbeteiligte ‚dritte Partei' beobachtet also einen Konflikt und nimmt dabei die in diesem Konflikt behandelten Themen aus einer neutralen Perspektive wahr, während die direkt am Konflikt Beteiligten gleichzeitig davon ausgehen, dass ihre Konfliktkommunikation von dem Dritten wahrgenommen wird (Hug, 1997, S. 121; Luhmann, 1981, S. 109, 1984, S. 540). Dabei wird der Dritte, als ein der Parteien ‚gegenwärtiger' Beobachter, nicht direkt in den Konfliktverlauf einbezogen, sondern desintegriert das Konfliktsystem. Die Desintegration kann auf Konsensfindung, aber auch – indem der Dritte durch Einnahme und Akzentuierung einer Position die Gegenseite zu einer massiveren Artikulation des Widerspruchs anregt – auf die Provokation einer Konfliktverschärfung ausgelegt sein.

Werden Luhmanns Überlegungen vor dem Hintergrund der im vorliegenden Beitrag vertretenen Theorie betrachtet, dann beschreiben sie letztendlich nur *einen* spezifischen Mechanismus von Deeskalation. Die Desintegration eines

Konfliktsystems lässt sich durchaus genauer bestimmen. Gehen wir von den obigen Überlegungen zu einer Erweiterung der systemtheoretischen Perspektive auf Konflikte aus, dann lässt sich die Desintegration von Konflikten als *selbst- bzw. fremdgesteuerte Regression von Konfliktsystemen* bezeichnen. Für die Diskussion der Desintegration von eskalierenden Konflikten verwenden wir im Folgenden den Begriff der Deeskalation.

Es stellt sich die Frage, auf welchen Ebenen Regression in Deeskalationsprozessen überhaupt zu beobachten ist. Hier zeigt sich, dass Deeskalation letztendlich nur entweder in Form einer *Beschränkung der eingesetzten Konfliktmittel infolge einer Reaktion auf Ereignisse in der inneren oder der äußeren Umwelt* oder aber als *Auflösung des Konfliktsystems* stattfindet. Eine Reduktion von Konfliktthemen ist für die Deeskalation irrelevant, da eine solche zum einen nicht zwangsläufig zu einer Entschärfung führt (da die Gruppenzuordnung ja eben nicht einer Vielfalt von Themen folgt, sondern einem binär codierten Meta-Thema) und zum anderen gar nicht längerfristig garantiert werden könnte.

Was setzt Deeskalation nun aber voraus? Eine energetische Absenkung der kollektiven Affekte. Dabei reicht es allerdings nicht, die im Denken der Beteiligten vorhandene ‚emotionale Energie' wieder auf den Schwellenwert zu reduzieren, an welchem sich der Phasensprung in eine neue Eskalationsqualität einstellte. Empirischen Befunden zufolge setzen Deeskalationen, angesichts einer trägen Emotionsdynamik und eines sogenannten „Hysteresis(Verzögerungs)-Effekts" (vgl. Ciompi, 1997, S. 260), vielmehr eine sehr starke ‚Beruhigung' voraus, die weit unter dem jeweiligen Eskalationsschwellenwert liegt.

Wird nach möglichen Verlaufsformen einer Deeskalation von Konfliktsystemen gefragt, dann lassen sich drei Archetypen finden:

1. Deeskalation nach Selbstreflexion infolge von Ereignissen in der inneren oder äußeren Umwelt des Konfliktsystems,
2. Deeskalation nach Kontextsteuerung durch Akteure der äußeren Umwelt des Konfliktsystems und
3. Deeskalation nach Destruktion des Konfliktsystems.
- *Selbstreflexion infolge von Ereignissen in der inneren oder äußeren Umwelt des Konfliktsystems*

Selbstreflexion als Deeskalationsmechanismus kann sich auf zwei unterschiedliche Arten zeigen: entweder in Form einer durch Lernen induzierten Verhaltensänderung oder aber als Flucht.

6.2 Desintegration von Konflikten – der Beitrag Luhmanns

Dass *Lernen* mit dem Effekt einer Verhaltensänderung in Konfliktprozessen unwahrscheinlich ist, wurde oben bereits beschrieben. Trotz dieser Unwahrscheinlichkeit treten in Konflikten aber immer wieder Verhaltensänderungen auf, in welchen die sich ändernden Akteure dies auf eine Art ‚verändertes Bewusstsein' zurückführen. Voraussetzung ist hier allerdings immer ein Ereignis, welches es nahelegt, die bislang im Konflikt vertretene Perspektive zu revidieren, weil sie sich als unangemessen zeigt. Es stellt sich also ein Prozess der „Beobachtung von Beobachtung"[2] mit dem Resultat einer Revision der den eigenen Handlungen zugrunde liegenden mentalen Modelle ein. Bei dieser Beobachtung der Beobachtung muss die alternative Logik der differenten Konstruktion so stark überzeugen, dass es gelingt, die internalisierte Affektlogik zu verdrängen. Solche Prozesse zeigen sich zuweilen in Konfliktbeziehungen, bei denen die gemeinsame Vergangenheit nicht durchgängig im Sinne des Konflikts konstruiert werden kann, wie z. B. in Fällen, in denen sich einstmalige Freunde vollkommen zerstritten haben: Eine Person stößt eines Tages auf Fotos vom Urlaub mit genau der Person, mit der sie sich in einem festgefahrenen Konflikt befindet. Sie lehnt sich zurück, Gedanken an die schöne Atmosphäre im Urlaub stellen sich ein, sie erinnert sich plötzlich an die Zeiten, in denen alles doch noch so schön war, und sie erkennt einen bislang noch nicht bedachten Nutzen einer Kooperation, nämlich den Erhalt der Freundschaft und bietet der/dem ehemalige~n Freund~in ein Gespräch an, um den Konflikt ‚ein für alle Mal' aus der Welt zu schaffen und sich zu versöhnen.

Ein solches ‚ungesteuertes Lernen' ist in weiter fortgeschrittener Konflikteskalationsprozessen allerdings ein relativ unwahrscheinliches Zufallsprodukt, da die Ursache-Wirkungs-Konstruktionen und Schuldzuschreibungen in höheren Eskalationsstufen bereits extrem festgefahren sind. Und auch die Reichweite einer solchen Verhaltensänderung ist nicht unbedingt sehr groß, da die Konfliktrealität meist mit anderen kollektiv geteilt wird. In unserem Beispiel könnte es gut sein, dass die Person, die sich wieder versöhnen möchte, am gleichen Tag eine~n andere~n Freund~in trifft, die/der ihr/ihm erzählt, wie sehr sich die andere Person doch verändert habe, und die Absicht, Frieden zu schließen, ist schnell wieder verflogen. Übrigens ist es bei solchen Lernprozessen, wenn sie sich denn einstellen, nicht gesagt, dass ein solches Kooperationsangebot von der Gegenseite angenommen wird und der/die Kooperationswillige nicht doch wieder zum konflikthaften Verhalten gezwungen wird.

Wesentlich bedeutsamer im Zusammenhang mit einer nach Selbstreflexionsprozessen erfolgten Deeskalation ist deshalb die *Flucht* einer Partei aus dem

---

[2] Der Begriff „Beobachtung von Beobachtung" stammt von Niklas Luhmann (1986).

Konfliktsystem aufgrund bestimmter Ereignisse. Typisch für eine solche Flucht ist es, dass eine Partei den mit zunehmender Eskalation und ausgeweiteten Konfliktmitteln verbundenen physischen, psychischen oder sozialen Druck nicht mehr aushält, oder dass die für eine Fortführung des Konflikts notwendigen materiellen und immateriellen Kosten nicht mehr aufgewendet werden können und sich die Partei deshalb dem Konfliktsystem entzieht. Beispiele hierfür gibt es genügend, sei es der/die Angestellte, der/die kündigt, weil er/sie das Mobbing im Betrieb nicht mehr aushält, sei es die Ehefrau, welche sich endlich der jahrelangen Unterdrückung durch ihren Mann entziehen will, oder sei es die in eine Prügelei geratene Person, die sich der ihr gegenüberstehenden Gruppe nicht gewachsen fühlt.

Flucht taugt allerdings umso weniger für eine dauerhafte Deeskalation des Konfliktsystems, je mehr Beteiligte in den Konflikt inkludiert wurden. Denn bleibt z. B. aus jeder Koalition ein~e Beteiligte~r im gastgebenden System, dann besteht die Gefahr, dass diese den Konflikt nach einer kurzen Phase der Beschwichtigung stellvertretend fortsetzen. Der/die Angestellte kündigt zwar, weil sie/er das Mobbing nicht mehr aushält, die Gruppe, die die/den Angestellte~n gemobbt hatte, konzentriert sich nun aber auf eine~n andere~n Betriebsangehörige~n, der/die sich doch vorher mehrmals auf die Seite des/der ehemaligen Angestellten geschlagen hatte.

Deeskalation nach Selbstreflexion kann zu allen Zeitpunkten eines Konflikts erfolgen. Deeskalativ wirkendes Lernen wird zwar mit zunehmender Eskalation immer unwahrscheinlicher, ist allerdings prinzipiell zu allen Zeitpunkten denkbar. Die Wahrscheinlichkeit von Flucht als deeskalativem Mechanismus bleibt auf allen Eskalationsstufen gleich. So steigt zwar die individuelle Belastung, was Flucht in verstärktem Maße nahelegen könnte, doch lässt sich auch immer mehr verlieren.

- *Deeskalation nach Kontextsteuerung durch Akteure der äußeren Umwelt des Konfliktsystems*

Kontextsteuerung durch Akteure der äußeren Umwelt des Konfliktsystems mit dem Ziel der Deeskalation ist ebenfalls auf zwei unterschiedliche Arten möglich: einerseits in Form der Vermittlung, andererseits als Unterordnung.

Vermittlung als Deeskalationsmechanismus beruht, wie es Luhmann treffend beschreibt, darauf, die eingefahrenen, auf die Zweier-Gegnerschaft reduzierten Denkmuster ins Wanken zu bringen, indem alternative Deutungen der Konfliktkommunikation durch eine~n Dritte~n eingeführt werden, welche~r eine objektivere bzw. neutralere Perspektive einnimmt bzw. zu dieser Perspektive

6.2 Desintegration von Konflikten – der Beitrag Luhmanns

tendiert (Luhmann, 1981, S. 109; vgl. Luhmann, 1984, S. 540). Die Konfliktbeteiligten sind bei einer Vermittlung geradezu dazu gezwungen, sich diese alternative Konfliktrealität zumindest anzuhören, was die Wahrscheinlichkeit, die eigene Position distanziert zu reflektieren, enorm erhöht. Damit desintegriert der/die Dritte das Konfliktsystem. Der/die Vermittler~in kann aber auch Anreize für einen Ausstieg aus dem Konflikt deutlich machen oder aber den Parteien die Rationalität der jeweils anderen spiegeln. Er/Sie ist, als neutrale~r Dritte, der/die nicht zum Konfliktsystem gehört, nicht der Konfliktlogik unterworfen, entsprechend kann er/sie auch zeitweise Partie für eine Seite ergreifen, ohne dass dies durch die andere Konfliktpartei zwangsläufig als List ausgelegt wird. Auch hier stellen sich also Beobachtung-von-Beobachtungs-Prozesse ein, dieses Mal aber durch die äußere Umwelt des Konfliktsystems induziert, bei denen der neutrale Beobachterstatus des/der Dritten eine Irritation der Affektlogik, damit verbunden eine Selbstbeobachtung der Beteiligten und schließlich eine Beschränkung der eingesetzten Konfliktmittel bewirkt, um bei dem/der Vermittler~in nicht als Aggressor aufzutreten. In den Termini der hier entwickelten Theorie gesprochen, bestimmt der/die Dritte somit den antizipierten Erwartungsnutzen des Konfliktverhaltens der Beteiligten mit, indem er/sie Anreize für Kooperation oder Kommunikation von Widersprüchen setzt. Dabei wirkt bereits sein/ihr Beisein auf die Erwartungs-Nutzen-Kalkulationen, weil die Konfliktbeteiligten nie genau wissen können, auf welche Seite er/sie sich stellen wird.

Vermittlung bietet in diesem Sinne den Konfliktbeteiligten Anreize, ihr Verhalten zu ändern, indem Erwarten und Nutzen der eigenen Aktionen neu bewertet werden müssen, da ihre Position der Beteiligten durch den/die Dritte~n beobachtet widergespiegelt wird. Ziel der Vermittlung ist die Bildung eines allseits akzeptierten Konsensus zwischen den Konfliktparteien, weshalb sie im Falle des Gelingens zu einer relativ dauerhaften Deeskalation eines Konfliktsystems führen kann.

Vermittlung, deren Stärken in der Objektivität, der Sachlichkeit und vor allem der Verbindlichkeit der Regulierung liegen (Zauner & Simsa, 1997, S. 339), ist mit die bedeutsamste Form der Deeskalation von Konflikten (vgl. Schwarz, 1990). Sie wird, vor allem als Mediation (vgl. u. a. Zilleßen, 1998), in allen erdenklichen Konflikten eingesetzt, angefangen bei Scheidungen, über Umwelt-Konflikte bis hin zu Auseinandersetzungen zwischen Nationen. Trotz ihrer Beliebtheit und Angemessenheit ist zur Vermittlung allerdings anzumerken, dass sie nur in den ersten beiden Eskalationsphasen Erfolg haben kann, in den letzten beiden Phasen ist nichts mehr zu gewinnen, was ein~e unabhängige~r Dritte~r als Anreiz setzen könnte.

Eine häufige Form der Deeskalation der Kontextsteuerung von außen ist allerdings auch die *Unterordnung* von einer oder beiden Konfliktparteien. Unterordnung zeigt sich in Hierarchien, in Form von Erpressung, Bestechung oder Manipulation, in Abstimmungen oder beim Überreden (Zauner & Simsa, 1997, S. 339), aber auch als eine Folge von Kapitulation. Unterordnung ist prinzipiell auf jeder Eskalationsstufe möglich, vorausgesetzt der/die Unterwerfende ist dazu in der Lage, eine oder beide Parteien unterzuordnen und kann dabei auf die notwendigen Mittel zurückgreifen.

Nun garantiert Unterordnung keineswegs eine endgültige Deeskalation, nicht zuletzt deshalb, weil sie ‚gewaltsam' bzw. gegen den Willen zumindest einer Konfliktpartei geschieht. Daher ist zu erwarten, dass der Konflikt als „verhärtetes Knöllchen" (Luhmann, 1984, S. 531) unter der Oberfläche weiter existiert und jederzeit die Gefahr einer Neueskalation besteht. Genau dieser Punkt wird nach kriegerischen Auseinandersetzungen immer wieder übersehen. Es scheint so zu sein, als ob mit der Unterwerfung der gegnerischen Nation und der Implementierung einer neuen Regierung auch der Konflikt aus der Welt geschafft wurde. Doch Jahre später entwickeln sich scheinbar ansatzlos neue Bewegungen, welche die angeblich beigelegten Konfliktthemen wieder kommunizieren und z. B. danach trachten, die neu eingesetzte Regierung zu stürzen, da sie nicht der Wille des Volkes, sondern der einer feindlichen Macht war.

- *Deeskalation nach Destruktion des Konfliktsystems*

Auch die Deeskalation durch Destruktion des Konfliktsystems ist auf zwei unterschiedliche Arten möglich: zum einen in Form einer Vernichtung, zum anderen in Form einer Selbstzerstörung oder eines natürlichen Tods einer oder beider Konfliktparteien.

Vernichtung ist die extremste Form einer Deeskalation von Konflikten. Sie tritt in Form von Rufmord, Kündigung, Entlassung, als Vernichtung von Ressourcen, wie z. B. der physischen Leistungsvoraussetzungen, oder als Ausschluss aus der Gruppe (vgl. Schwarz, 1990; Zauner & Simsa, 1997, S. 339) auf. Bei der Vernichtung ist wieder zu unterscheiden, ob sie durch Mitglieder des gastgebenden Systems selbst, die ja potenzielle Konfliktbeteiligte sind, vorgenommen wird, oder aber durch Akteure der äußeren Umwelt des gastgebenden Systems. Das Resultat ist letztendlich allerdings das gleiche: Die Deeskalation ist endgültig, solange garantiert ist, dass nicht nur eine~r oder beide Protagonist~innen des Konflikts, sondern auch der Rest dieser oder beider Koalitionen vernichtet wird. Ist dies nicht der Fall, dann besteht auch hier, angesichts der verbleibenden ‚Metastasen', wieder die Gefahr eines Wiederausbruchs des Konflikts. Diese

6.2 Desintegration von Konflikten – der Beitrag Luhmanns

Problematik wird in der doch sehr martialischen Anti-Terror-Rhetorik mancher Politiker~innen gerne verschwiegen. So wird immer wieder die Auslöschung der als Drahtzieher gebrandmarkten Personen und Organisationen gefordert, um so den Terror besiegen zu können, ungeachtet dessen, dass die von diesen Personen und Organisationen kommunizierte Konstruktion einer Bedrohung durch eine ‚imperialistische' Staatsmacht häufig latent auch von anderen Personen und Organisationen geteilt wird. Eine Auslöschung der angeblichen Bösewichte kann vor diesem Hintergrund eine massive Bumerangwirkung haben, indem bislang noch unbeteiligten Akteure, die aber eine der als Terroristen Gebrandmarkten ähnliche Position vertreten, zu einer Weiterführung der Politik der Ausgelöschten animiert werden.

Für die Deeskalation durch *Selbstzerstörung oder durch natürlichen Tod* gilt im Grunde dasselbe wie für die Vernichtung. Auch sie ist nur dann endgültig, wenn sie weit genug greift, d. h., wenn zumindest eine Partei vollständig eliminiert ist.

Blicken wir zurück auf das Eskalationsmodell, dann zeigt sich, dass die letzte Eskalationsstufe praktisch dem Deeskalationsarchetypus ‚Destruktion' entspricht. Eskaliert ein Konflikt bis zur letzten Konsequenz, dann ergibt sich die Deeskalation quasi auf natürliche Weise – der Eskalation folgt automatisch Deeskalation.

Die Deeskalationsarchetypen, ihre Charakteristika, ihr Wirkungsgrad und der Zeitpunkt ihres Auftretens werden in der folgenden Tab. 6.1 zusammenfassend festgehalten.

Nun wurde die theoretische Erklärung von Konfliktverläufen bislang noch analytisch ‚wertfrei' gehalten, d. h. trotz der Hinweise auf die Gefahr von Konflikten für die gastgebenden Systeme wurde noch nichts über die Kosten, die mit Konflikten einhergehen, oder den Nutzen, den Konflikte erbringen können, gesagt.

Tab. 6.1 Deeskalationsarchetypen. (Eigene Zusammenstellung)

Archetypus	Charakteristika	Wirkungsgrad	Auftreten (Eskalationsphasen)
Selbstreflexion Lerninduzierte Verhaltensänderung Flucht	Revision der Ursache-Wirkungs- und Schuld-Unschuld-Konstruktionen durch eine oder beide Konfliktparteien Verlassen des Konfliktsystems durch eine oder beide Konfliktparteien	• *Gering*, da zufällig und nicht garantiert dauerhaft • Sowohl Beschränkung der Konfliktmittel als auch Auflösung des Konfliktsystems möglich • *Mittel*, da nur dann garantiert erfolgreich, wenn zumindest eine Koalition den Konflikt ganz verlässt • Auflösung des Konfliktsystems	1–4

(Fortsetzung)

Tab. 6.1 (Fortsetzung)

Archetypus	Charakteristika	Wirkungsgrad	Auftreten (Eskalationsphasen)
Kontextsteuerung Vermittlung Unterordnung	Einführung von Erwartungsunsicherheit ins Konfliktsystem Unterwerfung und Festlegung auf Vorgaben	• *Hoch*, da dauerhaft erfolgreich, wenn beide Parteien zu einem selbstgewählten Konsens finden • Sowohl Beschränkung der Konfliktmittel als auch Auflösung des Konfliktsystems möglich • *Mittel*, da zwar erfolgreich, aber es besteht weiterhin die Gefahr des Wiederaufbruchs • Sowohl Beschränkung der Konfliktmittel als auch Auflösung des Konfliktsystems möglich	1–2 1–4
Destruktion Vernichtung Selbstzerstörung/Tod	Zerstörung lebenswichtiger Ressourcen und Vitalfunktionen von zumindest einer Konfliktpartei Zerstörung lebenswichtiger Ressourcen und Vitalfunktionen von zumindest einer Konfliktpartei	• Trotz extrem hoher Kosten *hoch*, allerdings nur dann dauerhaft erfolgreich, wenn keine ‚Metastasen' bleiben • Auflösung des Konfliktsystems • Trotz extrem hoher Kosten relativ *hoch*, allerdings nur dann dauerhaft erfolgreich, wenn die gesamte Konfliktpartei betroffen ist und die Erinnerungen an das Konfliktgeschehen gelöscht sind • Auflösung des Konfliktsystems	1–4 1–4

Literatur

Ciompi, L. (1997). *Die emotionalen Grundlagen des Denkens. Entwurf einer fraktalen Affektlogik*. Vandenhoeck & Ruprecht.
Dahrendorf, R. (1968). *Pfade aus Utopia. Arbeiten zur Theorie und Methode der Soziologie*. Piper.
Dahrendorf, R. (1972). *Konflikt und Freiheit. Auf dem Weg zur Dienstklassengesellschaft*. Piper.
Dahrendorf, R. (1991). Liberalism. In J. Eatwell (Hrsg.), *The new Palgrave dictionary of economics* (S. 385–389). Macmillan.
Dahrendorf, R. (1992). *Der moderne soziale Konflikt. Essay zur Politik der Freiheit*. Deutsche Verlags-Anstalt DVA.
Dahrendorf, R. (1995). *Europäisches Tagebuch*. Steidl.
Hug, D. M. (1997). *Konflikte und Öffentlichkeit. Zur Rolle des Journalismus in sozialen Konflikten*. Westdeutscher Verlag.
Kittler, T. (2021). Mediendiskurs zum Klimawandel in Louisiana – Eine quantitative Analyse von YouTube-Kommentaren. In O. Kühne, T. Sedelmeier, & C. Jenal (Hrsg.), *Louisiana – Mediengeographische Beiträge zu einer neopragmatischen Regionalen Geographie* (S. 167–181). Springer.
Kühne, O., Berr, K., Schuster, K., & Jenal, C. (2021a). *Freiheit und Landschaft. Auf der Suche nach Lebenschancen mit Ralf Dahrendorf*. Springer.
Kühne, O., Koegst, L., Zimmer, M.-L., & Schäffauer, G. (2021b). „… Inconceivable, Unrealistic and Inhumane". Internet Communication on the Flood Disaster in West Germany of July 2021 between Conspiracy Theories and Moralization – A Neopragmatic Explorative Study. *Sustainability, 13*(20), 1–23. https://doi.org/10.3390/su132011427.
Lampke, A., & Weber, F. (2024). Cross-Border Landscape Conflicts – A Case Study of the Gersweiler-Klarenthal Wind Farm on the Franco-German Border. In K. Berr, L. Koegst, & O. Kühne (Hrsg.), *Landscape conflicts* (S. 311–334). Springer VS.
Luhmann, N. (1981). *Ausdifferenzierung des Rechts. Beiträge zur Rechtssoziologie und Rechtstheorie*. Suhrkamp.
Luhmann, N. (1984). *Soziale Systeme. Grundriß einer allgemeinen Theorie*. Suhrkamp.
Luhmann, N. (1986). *Ökologische Kommunikation. Kann die moderne Gesellschaft sich auf ökologische Gefährdungen einstellen?* Westdeutscher Verlag.
Popper, K. R. (2003 [1945]). *Die offene Gesellschaft und ihre Feinde. Band 1: Der Zauber Platons* (8. Aufl.). Mohr Siebeck.
Rawls, J. (1971). *A theory of justice*. Harvard University Press.
Schwarz, G. (1990). *Konflikt-Management. Sechs Grundmodelle der Konfliktlösung*. Gabler.
Seibel, W. (2016). *Verwaltung verstehen. Eine theoriegeschichtliche Einführung*. Suhrkamp.
Zauner, A., & Simsa, R. (1997). Konfliktmanagement in NPOs. In C. Badelt (Hrsg.), *Handbuch der Nonprofit-Organisation. Strukturen und Management* (S. 331–344). Schäffer-Poeschel.
Zilleßen, H. (Hrsg.). (1998). *Mediation. Kooperatives Konfliktmanagement in der Umweltpolitik*. Westdeutscher Verlag.

Kosten und Nutzen von Konflikten 7

Zusammenfassung

Konflikte ermöglichen notwendige Strukturänderungen, hierbei werden in sozialen Kontexten bestehende soziale Kommunikations- und Deutungsmuster infrage gestellt. Als Folge sozialer Konflikte können neue gesellschaftliche Strukturen entstehen. Konflikte verdeutlichen Unterschiede in politischen Programmen, sie begründen auch wissenschaftlichen Fortschritt. Selbst bei eskalierten Konflikten kann eine Konsensfindung angestrebt werden. Jedoch steigen die Kosten eines Konflikts mit dessen Eskalation exponentiell an. Auch schwelende Konflikte haben latente Kosten. Sie binden Ressourcen und mindern die Effizienz der beteiligten Systeme. Doch auch Deeskalation kann kostenintensiv sein, da auch sie destruktive Effekte haben kann. Final werden Kosten und Nutzen von Konflikten abgewogen und die Notwendigkeit der Prävention von destruktiven Konfliktverläufen verdeutlicht.

Schlüsselwörter

Strukturänderungen • Ordnungsstiftende Funktion • Systemdestruktion • Konsensfindung • Konflikteskalation • Latente Konfliktkosten • Deeskalation

Werden Konflikte so konstruiert, wie es in der vorliegenden Arbeit der Fall ist, dann liegt deren potenzieller *Nutzen*, unabhängig davon, ob sie sich als stabile oder eskalierende Konfliktsysteme zeigen, generell in der Ermöglichung notwendiger Strukturänderungen. Denn jede Veränderung etablierter Kommunikationsformen setzt eine kommunizierte Ablehnung dieser Strukturen voraus.

Konflikte sind in diesem Sinne nicht nur für die *meisten* Veränderungen der menschlichen Geschichte notwendig, wie es Gerhard Schwarz (1990, S. 22) ausdrückt, sondern jede Veränderung impliziert bereits *grundsätzlich*, dass etablierten Kommunikationsmustern widersprochen wird, indem neue geschaffen werden. Der Konflikt hat in diesem Sinne die Funktion einer Effektuierung etablierter, allerdings suboptimaler Strukturen.

Konflikte haben darüber hinaus in bestimmten Systemen, wie z. B. der Wissenschaft oder der Politik, eine ordnungsstiftende Funktion (vgl. Kieserling, 1999; vgl. auch Nollmann, 1997, S. 179). Der Widerspruch er/einer Oppositionellen im Parlament muss durchaus kein inhaltlich bestimmter sein, sondern kann sich einfach daraus ergeben, dass strategisches Handeln der Parteien in der gegebenen Situation einen Widerspruch fordert. Der Konflikt im Sinne eines kommunizierten Widerspruchs kennzeichnet hier die Art des Umgangs z. B. zwischen Regierung und Opposition, macht die der politischen Auseinandersetzung inhärente Gegnerschaft erst erkennbar und wird dadurch zu einem Ordnungsfaktor, der eine auch nach außen erkennbare Polarität symbolisiert. So liest der/die Wähler~in in der Regel nicht die unterschiedlichen Parteiprogramme, um die Differenz von Parteien zu erkennen. Parteiprogramme sind damit eher unwichtig für die Symbolisierung von Gegnerschaft. Vor allem der strategisch und regelmäßig eingesetzte Widerspruch vermag die scheinbare Notwendigkeit einer Existenz unterschiedlicher Parteien für den/die Wähler~in erkennbar zu machen.

Die ordnungsstiftende Funktion eines Konflikts bezieht sich zum einen auf die Integration von Themen in eine konflikthafte Konstellation, denn erst diese Konstellation lässt die Themen als kommunizierte Widersprüche, die für unterschiedliche ‚Programme' stehen, erkennbar werden. Zum anderen wirken Konflikte durch die Inklusion von Personen ordnungsstiftend. Der unterschiedlichen Personen zurechenbare Widerspruch macht für den Beobachter erkennbar, dass es sich um Vertreter~innen unterschiedlicher Programme handelt. Dies gilt vor allem für Systeme wie die Wissenschaft, in welcher der kommunizierte Widerspruch im Grunde die operative Basis darstellt. Denn während diese Polarität z. B. in der Politik auch bereits durch die Mitgliedschaft in einer Organisation symbolisiert wird, muss der/die Wissenschaftler~in einen Widerspruch zu bestehenden Erkenntnissen erst kommunizieren, um als Vertreter~in einer des sogenannten ‚Mainstream' entgegengesetzter These und Theorie erkannt zu werden (vgl. Nollmann, 1997). Die Auseinandersetzung um wahr/falsch kann somit nur durch kommunizierte Widersprüche prozessiert werden. Eine als allgemein akzeptierte Erkenntnis anzugreifen, ihr zu widersprechen, ist kennzeichnend für das Handeln eines/einer Wissenschaftlers~Wissenschaftlerin, erst der Konflikt legitimiert seine (berufliche) Existenz (vgl. Nollmann, 1997)[1].

Der Nutzen von Konflikten kann sich aber auch aus ihrem Verlauf ergeben. So kann die Eskalation eines Konflikts trotz ihrer beschriebenen Problematik einen Nutzen für die am Konflikt Beteiligten und die vom Konflikt Betroffenen mit sich bringen. Das ‚reinigende Gewitter' wird nicht selten als das Ereignis beschrieben, das streitende Personen wieder zusammenbringen kann, das schwelende Konflikte richtig entfacht, um über diesen ‚Brand' die Bedingungen der Möglichkeit einer Konsensfindung erst zu ermöglichen. Gerade bei schwelenden, festgefahrenen, strukturell stabilisierten Konfliktsystemen, die eben nicht den Weg der Eskalation beschreiten, sondern eine ständig vorhandene, aber verdeckte Gegnerschaft mit allen negativen Folgen für den Umgang miteinander implizieren, ist die Offenlegung der Auseinandersetzung notwendig, um den Beteiligten diese (möglicherweise unbewusst ablaufende) Auseinandersetzung erst richtig bewusst zu machen. Dabei kann der Konflikt durchaus bei beiden Parteien zu Verlusten führen, entscheidend sind die durch die Eskalation erzwungenen veränderten Voraussetzungen. Erst diese ermöglichen Konsensbildung, indem die (verdeckten) Strukturen des Konfliktsystems offengelegt werden, was wiederum als Anlass für eine Reflexion über die konfligierenden Kommunikationsprozesse genommen werden kann.

In diesem Sinne kann sogar die Destruktion eines Konfliktsystems funktionell sein, vorausgesetzt, die Destruktion ist nicht endgültig im Sinne einer Zerstörung sämtlicher Vital-funktionen des gastgebenden Systems. So kann die Eskalation eines Konflikts dazu führen, dass festgefahrene Auseinandersetzungen, die kontinuierlich Folgeprobleme für die Umwelt produzieren, deshalb beendet werden, weil die Elemente, auf denen der Konflikt aufbaut, zerstört wurden. Manche kriegerischen Auseinandersetzungen endeten erst dann, als sich die gegnerischen Parteien gegenseitig regelrecht ‚erschlagen' hatten, weil die Auseinandersetzungen Ressourcen, die für die Bevölkerung, die Soldat~innen etc. lebenswichtig waren, zerstörten und damit keine Mittel für eine Fortführung des Konflikts mehr vorhanden waren. Destruktion kann somit dann nutzbringend sein, wenn die mit der Destruktion verbundenen Folgekosten sich als niedriger erweisen als die mit einer Fortführung des (in der Regel eskalierten) Konflikts verbundenen. Angesichts dessen, dass Destruktion, soll sie erfolgreich sein, prinzipiell mit dem Verlust wesentlicher Ressourcen des gastgebenden Systems verbunden ist, ist

---

[1] Zauner und Simsa (1997, S. 32) sprechen im Zusammenhang mit Non-Profit-Organisationen davon, dass Konflikte Unterschiede aufzeigen, sie zum Thema machen und damit „die Grundlage für Selektion und adäquate Arbeitsteilung sein" können.

sie allerdings angesichts der damit verbunden immensen Kosten allenfalls eine Notlösung, deren Notwendigkeit es mit allen Mitteln zu vermeiden gilt.

Die *Kosten*, die ein Konflikt mit sich bringt, wurden bereits angedeutet. Sie wirken sich nicht nur bei den Konfliktparteien, sondern auch in deren Umwelt, d. h. sowohl im so genannten ‚Wirt-System', in welchem der Konflikt seine parasitäre Existenz entfaltet, als auch in anderen Umweltsystemen, aus. Es ist davon auszugehen, dass mit der Dauer einer Konflikteskalation die Konfliktkosten exponentiell ansteigen, zumal es ab einem bestimmten Punkt keine~n Gewinner~in mehr geben kann und die Konfrontation sich zunehmend auf die Destruktion des Gegenübers um jeden Preis verlagert.

Doch auch ein schwelender Konflikt birgt permanent latente Folgekosten in sich, saugt gewissermaßen Energie aus dem System, in welchem er sich festgesetzt hat. Dies nicht nur deshalb, weil die Konfliktparteien sich zunehmend auf den Konflikt konzentrieren und somit ihre systembezogenen Leistungen nur noch suboptimal erbringen, sondern auch, weil über die Ausweitung von Konfliktmitteln und Koalitionsbildungen zunehmend mehr personelle und sachliche Ressourcen dem ‚Wirt-System' entzogen werden.

Schließlich kann auch die Deeskalation von Konflikten kostenintensiv sein, und zwar nicht nur, wie beschrieben, die Destruktion, sondern auch Flucht oder Unterordnung, die es beide verhindern, dass ein Konflikt seinen prinzipiell möglichen Nutzen für das gastgebende System entfaltet.

Zusammengefasst, stehen bei Konflikten Kosten und Nutzen in folgendem Verhältnis:

- Konflikte sind generell für die (aus der Sicht des Systems selbst oder Umwelt) notwendige Änderung von etablierten Strukturen eines Systems erforderlich.
- In bestimmten Systemen stiften Konflikte Ordnung, indem sie durch Integration von Themen bzw. Inklusion von Personen die für die Systeme kennzeichnenden Polaritäten symbolisieren.
- Bestimmte Konfliktverläufe können, auch wenn sie vordergründig als ‚negativ' erscheinen, unter bestimmten Umständen funktional sowohl für das System, in welchem sie ihren Ausgang genommen haben, als auch für die vom Konflikt betroffenen Systeme sein. So kann die Eskalation eines schwelenden Konflikts zur Konsensbildung führen, die vorher deshalb nicht erreicht wurde, weil der Konflikt verdeckt ablief und somit nicht aus einer Metaperspektive thematisiert werden konnte. Dies gilt häufig auch für Konflikte, die aus sogenannten Missverständnissen resultieren. In Extremfällen kann auch die Destruktion des Konfliktsystems funktional sein, wenn dadurch ein für das gastgebende System außerordentlich kostenintensiver Konflikt beendet werden kann, indem die

Bedingungen des Konflikts zerstört werden und damit ein Neubeginn unter veränderten Vorzeichen möglich ist
- Dem „positiven Potenzial von Konflikten" (Zauner & Simsa, 1997, S. 332) steht deren Kostenintensivität gegenüber. Dabei ist durchaus nicht nur die emotionale Belastung der Beteiligten von Bedeutung, sondern vor allem auch die Behinderung von funktionierenden Abläufen in den betroffenen Systemen, die Zerstörung von im Konflikt verwendeten, für das System lebenswichtigen Ressourcen, die ‚Abfallfolgen' für Umweltsysteme sowie die Existenzbedrohung für die Beteiligten und das gastgebende System. ‚Unfunktionell' verlaufende Konflikte können allerdings auch dann kostenintensiv sein, wenn sie in Flucht oder Unterordnung enden, da dies entweder einen Verlust des Veränderungspotenzials des Konflikts oder aber wichtiger Ressourcen des gastgebenden Systems zur Folge hat.

Literatur

Kieserling, A. (1999). *Kommunikation unter Anwesenden. Studien über Interaktionssysteme*. Suhrkamp.

Nollmann, G. (1997). *Konflikte in Interaktion, Gruppe und Organisation. Zur Konfliktsoziologie der modernen Gesellschaft* (Studien zur Sozialwissenschaft, Bd. 174). Westdeutscher Verlag.

Schwarz, G. (1990). *Konflikt-Management. Sechs Grundmodelle der Konfliktlösung*. Gabler.

Zauner, A., & Simsa, R. (1997). Konfliktmanagement in NPOs. In C. Badelt (Hrsg.), *Handbuch der Nonprofit-Organisation. Strukturen und Management* (S. 331–344). Schäffer-Poeschel.

8. Fallbeispiel: Konflikte um die Energiewende – Möglichkeiten ihrer Deutung aus unterschiedlichen konflikttheoretischen Perspektiven

Zusammenfassung

Anhand eines Fallbeispiels sozialer Konflikte um die Energiewende (mit Schwerpunkt Deutschland) wird veranschaulicht, welche Aspekte bei der Anwendung der unterschiedlichen vorgestellten theoretischen Zugriffe auf den Konflikt in den Blick kommen. Dabei wird deutlich, warum Konflikte um die Energiewende ein großes Eskalationspotential aufweisen und warum ihre Regelung erschwert ist. Dies liegt u. a. in einem starken Rückgriff auf moralische Ligaturen durch die Konfliktparteien, ihrem geringeren Organisationsgrad wie auch dem Mangel einer dritten Partei, die den Konflikt beilegen könnte, begründet.

Schlüsselwörter

Fallstudie • Praxisanwendung • Energiewende • Konflikttheorie • Konfliktregelung • Konflikteskalation

Mit dem Ziel, von Importen fossiler Energien unabhängiger zu werden und die Klimaschutzziele zu erreichen, soll der Anteil erneuerbarer Energien am Bruttostromverbrauch bis zum Jahr 2030 auf mindestens 80 % ansteigen (Bundesregierung, 2023). Bis zum Jahr 2022 betrug der Anstieg allerdings nur 46,2 % (Bundesregierung, 2023), was erwarten lässt, dass das Ziel nur mit einem erheblichen Zubau an Anlagen zur Erzeugung, Leitung und Verteilung regenerativ erzeugten Stroms möglich ist. Doch auch wenn bei der Akzeptanzumfrage des Jahres 2022 86 % der Befragten den Ausbau erneuerbarer Energien für wichtig oder sehr wichtig hielten (Agentur für Erneuerbare Energien, 2023), formiert sich insbesondere in den von den physischen Manifesten der Energiewende (Windkraftanlagen, Photovoltaikanlagen, Hochspannungsleitungstrassen etc.) betroffenen Bevölkerungsgruppen häufig erheblicher Widerstand dagegen (unter anderem: Eichenauer et al., 2018; Eichenauer & Gailing, 2022; Hoeft et al., 2017; Weber, 2018).

Konflikte um die Energiewende wurden in der Vergangenheit durch unterschiedliche Disziplinen, wie die Soziologie, Politikwissenschaften, Humangeographie und Planungswissenschaften, aber auch unter Beteiligung der Philosophie bearbeitet (unter anderem: Eichenauer et al., 2018; Eichenauer & Gailing, 2022; Hoeft et al., 2017; Weber, 2018). Im Folgenden werden wir uns den Konflikten um die materiellen Manifestationen um die Energiewende aus soziologischer Perspektive zuwenden. Beim vorgestellten Fall handelt es sich um einen mesosozialen Konflikt regionalen Maßstabs. Grundlage der Analyse sind Ergebnisse eines interdisziplinären Herangehens an Konflikte um die Energiewende, hier insbesondere ihre physischen Manifestationen.

Das Bestreben der Umsetzung der Energiewende schafft eine ‚strukturelle Ausgangslage' (Dahrendorf, 1972), die zunächst darin besteht, dass von unterschiedlichen Teilen der Bevölkerung im selben materiellen Raum sehr unterschiedliche Landschaften gesehen werden, die mit sehr unterschiedlichen Normvorstellungen verbunden werden. Aus systemtheoretischer Perspektive lassen sich unterschiedliche Konfliktpotenziale identifizieren, genauer gesagt drei typische Deutungs- und Bewertungsmuster, die nicht allein auf die physischen Manifeste der Energiewende gerichtet sind, sondern auch andere Veränderungen des als Landschaft gedeuteten physischen Raumes betreffen (u. a. Jenal & Berr, 2019; Kühne, 2018a, 2020): Die erste Zuwendung bezieht sich auf die Konstruktion einer ‚heimatlichen Normallandschaft' (als Muster kann diese allein in struktureller Perspektive gelten, weil der Zugriff allgemein verbreitet ist, die Inhalte indes sind stark individuell geprägt) und ist insbesondere bei Personen zu finden, die in dem betreffenden Ort aufgewachsen sind und – infolge der hohen emotionalen Bindung an den Ort ihrer Kindheit – Veränderungen tendenziell kritisch gegenüberstehen. Das zweite Deutungs- und Bewertungsmuster lässt sich als ‚Konstruktion von Landschaft unter einem Commonsense' bezeichnen, bei dem der als Landschaft gedeutete physische Raum vor dem Hintergrund ästhetischer und ökologischer Stereotype bewertet wird. Dieses Muster wird insbesondere über Sozialisation in Schule, durch das Fernsehen, aber zunehmend auch über das das Internet vermittelt. Das dritte Deutungs- und Bewertungsmuster lässt sich unter dem Begriff der ‚expertenhaften Sonderwissensbestände' fassen (also Bestände, die aus einer intensiven kanonisierten Befassung mit ‚Landschaft', insbesondere durch ein einschlägiges Studium, etwa der Landschaftsplanung, der

Landschaftsarchitektur, der Geographie etc., erwachsen). Diese fallen inhaltlich durchaus unterschiedlich aus, gemeinsam haben sie aber, dass sie in kompetitiver Weise als explizite Gegenentwürfe zu den Mustern der ‚heimatlichen Normallandschaft' und des ‚Commonsenses' gezeichnet werden.

Aus der Dahrendorfschen Perspektive wird bei der Entstehung dieser strukturellen Ausgangslage des Konfliktes auf unterschiedliche moralische Ligaturen zurückgegriffen, die von (der Erhaltung der) ‚Heimat', von ästhetischen und ökologischen normativ ausgeladenen Ligaturen bis hin zur ligaturenhaft wirkenden wissenschaftlichen Paradigmen reichen. Diese moralischen Ligaturen erzeugen, so könnte aus systemtheoretischer Perspektive ergänzt werden, jeweils Erwartungserwartungen, die entweder untereinander oder aber mit der Absicht einer Energiewende nicht (oder nur teilweise) vereinbar sind und damit die Wahrscheinlichkeit kommunizierter Widersprüche (z. B. Demonstrationen, Bürgerbegehren) erhöhen.

Während aus systemtheoretischer Perspektive in dieser Phase noch kein Konflikt vorliegt, da noch keine kommunizierten Widersprüche beobachtbar sind, liegt aus der Sicht der Dahrendorfschen Konflikttheorie eine erste Phase der Konfliktentwicklung vor, die dadurch gekennzeichnet ist, dass zwar unterschiedliche Interessen entwickelt werden, die einander wiedersprechenden Interessen aber latent bleiben, noch nicht bewusst sind. Die unterschiedlichen Interessen formieren sich hinsichtlich der Befürwortung und der Gegnerschaft zu einem Projekt der Energiewende. Personen, die dem Muster der ‚heimatlichen Normallandschaft' folgen, finden sich in der Regel in der Opposition, während bei Personen, bei denen der ‚Commonsense' dominiert, durchaus unterschiedliche Positionen zu finden sind; folgen sie eher einem ökologischen Verständnis, tendieren sie zur Unterstützung des Vorhabens, folgen sie eher einem ästhetischen Landschaftsverständnis, positionieren sie sich tendenziell dagegen. Für die soziologische Konfliktanalyse (unabhängig ob in der Tradition von Dahrendorf oder Luhmann) ist entscheidend, dass die Differenzen eben nicht mentale Modelle der Personen sind, sondern die Konfliktpotenziale sind strukturell vorgegeben, d. h. sie existieren als kollektive, einander widersprechende Deutungsmuster und politisch vorgegebene Landschaftsentwicklungsnormen und, in der Dahrendorfschen Terminologie, moralische Ligaturen, denen in Teilen ein Allgemeingültigkeitsanspruch eigen ist. Hinsichtlich der Aktualisierung von moralischen Ligaturen bzw. kollektiven Deutungsmustern in beobachtbaren Konflikten, bei denen konkrete Personen Widersprüche kommunizieren, finden sich auch gruppenstatische soziodemographische Unterschiede. So tendieren junge Menschen (insbesondere Frauen) dazu, Anlagen zur Erzeugung, Verteilung und Speicherung regenerativer Energien zu befürworten, während ältere Personen (insbesondere Männer) dazu neigen, sie abzulehnen (Kühne, 2018b). Auch bei Personen mit expertenhaften Sonderwissensbeständen ist das Bild stark diversifiziert: In Abhängigkeit von der fachlichen Tradition, der wissenschaftstheoretischen Grundausrichtung (essentialistisch, positivistisch, konstruktivistisch, mehr-als-repräsentational) und durchaus auch der weltanschaulichen Grundhaltung (konservativ oder progressiv), divergieren die Aussagen zwischen extremer Ablehnung (häufig in der Kombination konservativ/essentialistisch/naturschutzorientiert) bis zu extremer Befürwortung (besonders prägnant: progressiv/nicht-essentialistisch/klimaschutzorientiert).

In der zweiten Phase des Konfliktes, die Dahrendorf (1972) ‚Bewusstwerdung latenter Interessen' nennt, wird der Konflikt manifest und es formieren sich Konfliktparteien. Widersprüche, die vorher nur strukturell als Konfliktpotenziale vorlagen, werden also kommuniziert. In Konflikten um die physischen Manifestationen der Energiewende vollzieht sich dies schwerpunktmäßig, wenn die Planungen dazu einer größeren Öffentlichkeit bekannt werden. Die Konfliktparteien werden sich nun ihrer spezifischen Interessen im Antagonismus zwischen Kräften der Persistenz und der Progression mittels kommunikativer Prozesse bewusst. In dieser Phase wirken die unterschiedlichen moralischen Ligaturen beschleunigend auf die Bildung der Konfliktgruppen, denen ihre Gemeinsamkeiten so explizit deutlich werden. In dieser Phase gruppieren sich die Konfliktparteien in lokal spezifische Koalitionen, die teilweise im Widerspruch zu den Positionen der eigenen Organisation übergeordneter Ebenen stehen – so engagieren sich politische Mandatsträger von Parteien, die auf regionaler und nationaler Ebene die Energiewende befürworten gegen lokale Projekte ebendieser.

In der dritten ‚Phase ausgebildeter Interessen' dichotomisieren sich die überwiegenden Teile der lokalen Bevölkerung in Befürworter~innen und Gegner~innen. In der systemtheoretischen Modellbildung entspricht diese Phase der ersten Eskalationsphase, in der zum einen weitere Beteiligte in den Konflikt inkludiert, zum anderen, damit verbunden, weitere Themen in den Konflikt integriert werden. Die Gegner~innen der Projekte argumentieren dabei in der Regel konkret, in Bezug auf den ‚Schutz der heimatlichen Landschaft', bestimmte bedrohte Tierarten (insbesondere Avifauna), die Bewahrung des ‚schönen Landschaftsbildes', während die Befürworter~innen eher abstrakt argumentieren (‚globaler Klimaschutz', ‚nationale Vorgaben') und dabei auf das Vokabular expertenhafter Sonderwissensbestände setzen. Typisch für solche Konflikte ist, dass die Ausgangssituation des physischen Raumes, in dem die Anlagen errichtet werden (sollen), als vollständig unterschiedlich konnotierte Landschaften gedeutet werden (Leibenath & Otto, 2014; Otto, 2017; Sturm, 2017; Weber, 2017, 2018): So wird beispielsweise ein primär mit Fichten bestandener Hügel – in Abhängigkeit von der Konfliktpartei – entweder als ein ‚ökologisch wertvoller und schöner Wald auf einem für die Dorfgemeinschaft identitätsprägenden Hügel, dessen ureigenes Wesen durch Windkraftanlagen zerstört wird' konstruiert oder ein ‚hässlicher Forst mit standortuntypischem Gehölz auf einer unbedeutenden Erhebung abseits des Ortes, die durch Windkraftanlagen nur symbolisch im Sinne einer nachhaltigen Zukunft aufgewertet werden kann'.

Diese Landschaftskonflikte um die Energiewende entwickeln sich häufig in unterschiedlichen Dimensionen von Sachkonflikte (Ist der Standort für Windkraftanlagen geeignet?) zu Verfahrenskonflikten (Warum wurden wir erst informiert als alles schon entschieden war?). Häufig werden sie aber auch zu Identitätskonflikten transformiert, wenn etwa die Zugehörigkeit zu einer Konfliktpartei identitätsstiftend wird. Darüber hinaus werden sie zu Wertkonflikten, wenn sich die Konfliktparteien in ‚große' soziale Diskurse einordnen und der Konflikt um eine konkrete Windkraftanlage pars-pro-toto entweder als ‚Untergang des Abendlandes' oder als ‚Rettung vor dem Klimawandel' stilisiert wird (Becker & Naumann, 2018; Berr & Kühne, 2019b; Schmitt et al., 2016; Walter et al., 2013). Getragen werden die Konflikte aufseiten der Gegner*innen der Errichtung von physischen Manifestationen der Energiewende insbesondere von Personen, die bereits protesterfahren sind, häufig bereits (parteipolitisch) tätig waren und Protest auch zur Generierung neuen Sozialkapitals nutzen – und so zur Identitätsbildung bei der Konfliktpartei beitragen, wobei deren Formierung durch die Möglichkeiten der Nutzung von *social media* beschleunigt wird (hier zeigt sich der Wert von Cosers Konflikttheorie zum Verständnis von Energiewendekonflikten; Walter et al., 2013, 2017). Die Transformation des Sach- bzw. Verfahrenskonfliktes in einen Identitäts- und Wertekonflikt bedeutet vielfach, dass mit der Beendigung des konkreten Konflikts nicht beigelegt ist, sondern der Konflikt in eine grundsätzliche Systemkritik überführt wird, wiederum häufig verbunden mit der Zuwendung einer populistischen politischen Organisation. Diese steht dann häufig nicht nur im Widerspruch zum aktuellen naturwissenschaftlichen Kenntnisstand (Leugnung der Existenz der Verstärkung des natürlichen Treibhauseffektes durch den Menschen), sondern auch zum gesellschaftlichen System der liberalen Demokratie (Eichenauer et al., 2018; Kühne, 2020; Reusswig et al., 2015). Hier erfolgt eine konstitutive Verknüpfung moralischer Ligaturen mit der eigenen Konfliktpartei, sodass eine Reflexion auf Grundlage ethischer Ligaturen kaum mehr denkbar erscheint.

Um eine solche Eskalation von Energiewendekonflikten zu vermeiden, werden immer wieder Verfahren zur Beteiligung der (lokalen) Öffentlichkeit durchgeführt. Diese reichen von der Information der Bevölkerung bis hin zur finanziellen Beteiligung an den zu errichtenden Anlagen. Wenn sich die Anliegen auf verhandelbare Aspekte beziehen (Sach- oder Verfahrenskonflikt), bestehen durchaus

Möglichkeiten zur Regelung von Konflikten. Jedoch zeigt die Analyse der Beteiligungsverfahren, dass „der theoretische Anspruch an eine möglichst intensive Beteiligung in der Praxis kaum realisiert (oder realisieren lässt)" (Glanz et al., 2022, S. 327). Dies ist nicht allein auf den hohen Ausbaudruck regenerativer Energieproduktion zurückzuführen, sondern auch auf den Mangel an geschultem Personal sowie auch der spezifischen Identitätskonstruktion der Konfliktparteien, ‚auf der richtigen Seite der Geschichte' zu stehen (Kühne et al., 2019, 2022). Gelingt eine Konfliktregelung nicht, dann wächst auch bei Energiewendekonflikten das Konfliktsystem nicht selten weiter, d. h. es finden sich zunächst (was im systemtheoretischen Modell der zweiten Eskalationsstufe entspricht) verstärkte Angriffe auf die jeweils andere Partei, die von Drohungen, Stigmatisierungen bis hin zu scheinbaren Demaskierungen der jeweils anderen als destruktive Kräfte reichen. Eine Eskalation von Energiewendekonflikten kann paradoxerweise auch dann erfolgen, wenn Projektträger z. B. aus Furcht vor einem zu starken Widerstand, eine möglichst frühzeitige Einbeziehung lokaler Akteure vermeiden und damit eine demokratische Beteiligung verhindern, was nicht selten zum Unverständnis der Bevölkerung führt. Projektträger gebärden sich hier als Parteien mit ‚expertenhaften Sonderwissensbeständen' und reklamieren darauf aufbauend Definitionshoheit. Dies wiederum kann dazu führen, dass die gegnerische Partie, die keinen Anspruch auf Definitionshoheit reklamieren kann, mit der Auseinandersetzung um das Thema Energiewende einen Kampf um Anerkennung führt. Im Sinne der Bourdieuschen Klassentheorie versuchen Träger des Common Sense, also des „mittleren Geschmacks, die Argumentationsmuster des legitimen Geschmacks (hier: der Träger der expertenhaften Sonderwissensbestände) zu kopieren, ohne deren Anerkennung zu erreichen. Am Beispiel des Baus von Windparks entwickeln sich so aus einem verweigerten Diskurs organisierte Demonstrationen, Kundgebungen und Gegenkundgebungen, in denen sich die Beteiligten gegenseitig Face-to-Face, aber flankierend auch in Medien und sozialen Netzwerken, vorwerfen, die Wahrheit zu verzerren, unethisch zu handeln, den Klimaschutz nur als Mittel zur Durchsetzung wesentlich grundlegender (z. B. antikapitalistischer) Ziele zu nutzen oder aus ausschließlich eigennützigen Interessen bewusst Klima und Umwelt zu zerstören. Eskaliert der Konflikt weiter, erhöht sich die Wahrscheinlichkeit, dass die eingesetzten Konfliktmittel zunehmend gewalttätiger werden, wenn beispielsweise Gegner~innen des Windparks Baumaschinen und Baustellen beschädigen oder Mitarbeiter~innen der Baufirma bedrohen oder wenn Zusammenstöße zwischen Gegner~innen und Sicherheitskräften zu körperlichen Auseinandersetzungen führen, bei denen es zu schweren Verletzungen einzelner Personen kommt. Eine vierte Eskalationsphase, in der, wie beispielsweise in Kriegen, lebenswichtige Ressourcen der jeweils anderen Partei vernichtet oder zum Zweck der völligen Zerstörung der anderen Partei sogar die eigene Selbstzerstörung in Kauf genommen wird, wird in Energiewendekonflikten in der Regel nicht beobachtet, ist aber nicht ausgeschlossen.

Wenden wir uns – nach dem Blick in die Empirie zu Energiewendekonflikten – wieder vertieft der konflikttheoretischen Interpretation zu. Konflikte um die physischen Manifestationen der Energiewende weisen – wie andere Landschaftskonflikte auch – einige Spezifika auf, die eine Regelung besonders erschweren:

1. Die Konfliktparteien argumentieren mehr oder minder offen essentialistisch. Der Essentialismus kennt jeweils ‚ein einziges wahres Wesen' der Landschaft. Entsprechend sind vermittelnde Interpretationsangebote kaum von den Konfliktparteien akzeptierbar – schließlich ist das eigene Verständnis ‚der Landschaft' das einzig gültige.
2. Essentialistische Landschaftsverständnisse sind stark normativ und damit moralisch aufgeladen (Berr, 2018; Berr & Kühne, 2019a; Kühne, 2019). Der Kommunikationscode der Moral (auf Grundlage verallgemeinerter moralischer Ligaturen) ist indes mit einer Verschärfung von Konflikten verbunden. Die eigene Gruppe wird moralisch überhöht, die andere moralisch abgewertet – bis hin zur Pathologisierung (Grau, 2017). Zudem kennt der Kommunikationscode der Moral einen Code, der über ihm steht (eine ethische Reflexion in Konfliktsituationen seitens der Konfliktparteien ist eher selten). D h. auf Moral wird Moral geantwortet, was zu einer immer weiteren Intensivierung des Konfliktes führt (Luhmann, 1993; womit sich auch zeigt, dass die Luhmannsche Moraltheorie zur Analyse von Konflikten taugt). Da eine erfolgreiche Konfliktregelung indes von der Bereitschaft der Konfliktgruppen abhängig ist, die jeweils andere Position im Konflikt als legitim wie auch die jeweils andere Konfliktpartei als gleichwertigen Verhandlungspartner anzuerkennen (Dahrendorf, 1972), ist eine solche ‚Moralspirale' der wechselseitigen Abwertung wenig produktiv.
3. Infolge der Konstruktion der moralischen Überlegenheit der jeweils eigenen Position werden energiewendeinduzierte Landschaftskonflikte nicht als Teil der Aushandlung gesellschaftlicher Normalität verstanden, sondern als Störung des normativen Zustandes der Stabilität physischer Landschaft (die nicht zuletzt auch durch die Folgen des voranschreitenden Klimawandels bedroht ist) oder aber des normativ verstandenen Fortschritts zu einer treibhausgasemissionsneutralen Gesellschaft.
4. Die Energiewende vollzieht sich raumzeitlich differenziert (so werden Windkraftanlagen und Solarparks nicht überall zur selben Zeit errichtet, gleiches

gilt für die Anlagen zur Leitung und Speicherung). Somit entspinnen sich Landschaftskonflikte lokal, mit durchaus unterschiedlich zusammengesetzten Diskurskoalitionen (wenngleich stets moralische Ligaturen in ähnlicher Weise aktiviert werden). Ein hoher Grad an Organisiertheit der Konfliktparteien, der ebenfalls einer Regelung von Konflikten zuträglich ist, wird so bis zur Unmöglichkeit erschwert (Berr et al., 2019; Bosch & Peyke, 2011; Bosch & Schwarz, 2019; Kamlage et al., 2020; Schweiger et al., 2018).

5. Der Staat, der ansonsten die Position einer dritten Partei innehat, die Konflikte unter Einsatz von Machtmitteln einer Aufhebung zuführen könnte (Dahrendorf, 1991; Kühne et al., 2023; Thiel, 2003), wird so selbst zur Konfliktpartei. Dies wiederum hat Auswirkungen auf die Transformation des Konfliktgeschehens, das sich anfänglich primär auf einer Sach- und Verfahrensebene bewegt, dann aber, basierend auf einer zunehmend verengten kollektiven Affektlogik, immer stärker Identitäts- und Wertebezüge herstellt. Gerade aus Letzterem erwächst häufig eine Kritik am politischen System, in der ein Misstrauen in die Fähigkeit regierender Institutionen, eine objektive Schiedsrichterfunktion auf der Basis einer ‚gerechten' Rechtsprechung ausüben zu können, geäußert wird. In diesem Sinne mündet der subjektive Eindruck einer Entdifferenzierung von Recht und Moral in den Anspruch, das Recht der (jeweils eigenen) Moral unterordnen zu können.

6. Ein spezifisches Problem ergibt sich bei den Konflikten um die Energiewende aus deren Arena als Landschaftskonflikte: Diese sind in der Regel mit einer Verselbstverständlichung des jeweils eigenen Landschaftsbegriffs verbunden. So ist Landschaft für die einen ein Teil emotional besetzter Heimat, für die anderen ein ästhetisierter Raum, dessen Ästhetisierungsmuster besonders durch die Romantik, also von einer Norm von ‚Natürlichkeit', ‚Ländlichkeit', ‚Industrieferne', sprich modernisierungskritisch, geprägt sind (Kirchhoff, 2024; Kirchhoff & Trepl, 2009; Kirchhoff & Vicenzotti, 2017; Kühne & Berr, 2024). Für Dritte ist Landschaft normativ mit ökologischen Normen aufgeladen, die sich sehr unterschiedlich ausprägen können, wie z. B. in Bezug auf avifaunistischen Artenschutz, auf den Erhalt der ‚historisch gewachsenen Kulturlandschaft', auf Klimaschutz, auf Schutz der Ökosystemdienstleistungen etc. Gerade im letzten Punkt zeigt sich auch die fachlich unterschiedliche, terminologische Aufladung von Landschaft, die von dem auf Alexander von Humboldt zurückgeführten ‚Totaleindruck einer Erdgegend', über ‚kultiviertes Land' und Raum ‚intakter Ökosysteme' bis hin zu einer ‚individuellen Konstruktion auf Grundlage gesellschaftlicher Konventionen' reicht (Berr & Kühne, 2020; Gailing & Leibenath, 2012). Dabei werden alternative Landschaftsbegriffe als abweichend von der Normalität bewertet,

woraus die Brisanz erwächst, dass in Landschaftskonflikten Menschen zwar dasselbe Wort nutzen, aber einer völlig anderen Begriff damit verbinden. Aus dem großen ‚semantischen Hof' (Hard, 1969) von Landschaft werden so Landschaftsbegriffe selektiert und – gebunden an die jeweiligen moralischen Ligaturen – mit Verallgemeinerungsansprüchen normativ aufgeladen.

Literatur

Agentur für Erneuerbare Energien. (2023, 15. August). Umfrage: Wunsch nach Versorgungssicherheit beflügelt Akzeptanz von Erneuerbaren Energien. https://www.unendlich-viel-energie.de/themen/akzeptanz-erneuerbarer/akzeptanz-umfrage/umfrage-wunsch-nach-versorgungssicherheit-befluegelt-akzeptanz-von-erneuerbaren-energien. Zugegriffen: 15. Aug. 2023.

Becker, S., & Naumann, M. (2018). Energiekonflikte erkennen und nutzen. In O. Kühne & F. Weber (Hrsg.), *Bausteine der Energiewende* (S. 509–522). Springer VS.

Berr, K. (2018). „Landschaft" als Integrationsbegriff sittlich-politischer, ästhetischer, regionaler und partizipativer Aspekte. *Berichte. Geographie und Landeskunde, 92*(2), 123–138.

Berr, K., Jenal, C., Kühne, O., & Weber, F. (2019). *Landschaftsgovernance. Ein Überblick zu Theorie und Praxis*. Springer VS.

Berr, K., & Kühne, O. (2019a). Moral und Ethik von Landschaft. In O. Kühne, F. Weber, K. Berr, & C. Jenal (Hrsg.), *Handbuch Landschaft* (S. 351–365). Springer VS.

Berr, K., & Kühne, O. (2019b). Werte und Werthaltungen in Landschaftskonflikten. In K. Berr & C. Jenal (Hrsg.), *Landschaftskonflikte* (S. 65–88). Springer VS.

Berr, K., & Kühne, O. (2020). *„Und das ungeheure Bild der Landschaft ...". The Genesis of Landscape Understanding in the German-speaking Regions*. Springer VS.

Bosch, S., & Peyke, G. (2011). Gegenwind für die Erneuerbaren–Räumliche Neuorientierung der Wind-, Solar-und Bioenergie vor dem Hintergrund einer verringerten Akzeptanz sowie zunehmender Flächennutzungskonflikte im ländlichen Raum. *Raumforschung und Raumordnung – Spatial Research and Planning, 69* (2), 105–118.

Bosch, S., & Schwarz, L. (2019). The Energy Transition from Plant Operators' Perspective – A Behaviorist Approach. *Sustainability: Science, Practice and Policy, 11* (6), 1621. https://doi.org/10.3390/su11061621.

Bundesregierung. (2023, 15. August). Mehr Energie aus erneuerbaren Quellen. https://www.bundesregierung.de/breg-de/schwerpunkte/klimaschutz/energiewende-beschleunigen-2040310. Zugegriffen: 15. Aug. 2023.

Dahrendorf, R. (1972). *Konflikt und Freiheit. Auf dem Weg zur Dienstklassengesellschaft*. Piper.

Dahrendorf, R. (1991). Liberalism. In J. Eatwell (Hrsg.), *The new Palgrave dictionary of economics* (S. 385–389). Macmillan.

Eichenauer, E., & Gailing, L. (2022). What triggers protest? Understanding local conflict dynamics in renewable energy development. *Land, 11*(10), 1700. https://doi.org/10.3390/land11101700

Eichenauer, E., Reusswig, F., Meyer-Ohlendorf, L., & Lass, W. (2018). Bürgerinitiativen gegen Windkraftanlagen und der Aufschwung rechtspopulistischer Bewegungen. In O. Kühne & F. Weber (Hrsg.), *Bausteine der Energiewende* (S. 633–651). Springer VS.

Gailing, L., & Leibenath, M. (2012). Von der Schwierigkeit, „Landschaft" oder „Kulturlandschaft" allgemeingültig zu definieren. *Raumforschung und Raumordnung – Spatial Research and Planning, 70*(2), 95–106. https://doi.org/10.1007/s13147-011-0129-8.

Glanz, S., Schönauer, A.-L., Drossner, R., & Nowack, L. (2022). Von Dialog und Widerstand. Empirische Befunde zu Konflikt und Beteiligung beim Ausbau der Windenergie. In J. Zilles, E. Drewing, & J. Janik (Hrsg.), *Umkämpfte Zukunft. Zum Verhältnis von Nachhaltigkeit, Demokratie und Konflikt* (Soziale Bewegung und Protest, Band 7, S. 313–331). Transcript.

Grau, A. (2017). *Hypermoral. Die neue Lust an der Empörung* (2. Aufl.). Claudius.

Hard, G. (1969). Das Wort Landschaft und sein semantischer Hof. Zu Methode und Ergebnis eines linguistischen Tests. *Wirkendes Wort, 19*, 3–14.

Hoeft, C., Messinger-Zimmer, S., & Zilles, J. (Hrsg.). (2017). *Bürgerproteste in Zeiten der Energiewende. Lokale Konflikte um Windkraft, Stromtrassen und Fracking.* Transcript.

Jenal, C., & Berr, K. (2019). Landschaft als Konflikt. Wenn erlernte Deutungsmuster mit neuen Sichtweisen konkurrieren. *Stadt+Grün, 68*(12), 18–23.

Kamlage, J.-H., Warode, J., Reinermann, J., de Vries, N., & Trost, E. (2020). Von Konflikt und Dialog: Manifestationen der Energiewende in den Transformationsfeldern Netzausbau, Biogas und Windkraft. In R. Duttmann, O. Kühne, & F. Weber (Hrsg.), *Landschaft als Prozess* (S. 603–633). Springer VS.

Kirchhoff, T. (2024). Landschaft und religionsexterne Sakralisierung. In O. Kühne, F. Weber, K. Berr, & C. Jenal (Hrsg.), *Handbuch Landschaft* (2. Aufl., S. 511–522). Springer VS.

Kirchhoff, T., & Trepl, L. (2009). Landschaft, Wildnis, Ökosystem: Zur kulturbedingten Vieldeutigkeit ästhetischer, moralischer und theoretischer Naturauffassungen. Einleitender Überblick. In T. Kirchhoff & L. Trepl (Hrsg.), *Vieldeutige Natur. Landschaft, Wildnis und Ökosystem als kulturgeschichtliche Phänomene* (Sozialtheorie, S. 13–68). Transcript.

Kirchhoff, T., & Vicenzotti, V. (2017). Von der Sehnsucht nach Wildnis. In T. Kirchhoff, N. C. Karafyllis, D. Evers, B. Falkenburg, M. Gerhard, G. Hartung et al. (Hrsg.), *Naturphilosophie. Ein Lehr- und Studienbuch* (S. 313–322). Mohr Siebeck; UTB.

Kühne, O. (2018a). *Landscape and Power in Geographical Space as a Social-Aesthetic Construct.* Springer International Publishing.

Kühne, O. (2018b). *Landschaft und Wandel. Zur Veränderlichkeit von Wahrnehmungen.* Springer VS.

Kühne, O. (2019). Vom ‚Bösen' und ‚Guten' in der Landschaft – Das Problem moralischer Kommunikation im Umgang mit Landschaft und ihren Konflikten. In K. Berr & C. Jenal (Hrsg.), *Landschaftskonflikte* (S. 131–142). Springer VS.

Kühne, O. (2020). Landscape Conflicts. A Theoretical Approach Based on the Three Worlds Theory of Karl Popper and the Conflict Theory of Ralf Dahrendorf, Illustrated by the Example of the Energy System Transformation in Germany. *Sustainability: Science, Practice and Policy, 12*(17), 1–20. https://doi.org/10.3390/su12176772.

Kühne, O., & Berr, K. (2024). Romantik und Landschaft. In O. Kühne, F. Weber, K. Berr. & C. Jenal (Hrsg.), *Handbuch Landschaft* (2. Aufl., S. 77–93). Springer VS.

Kühne, O., Leonardi, L., & Berr, K. (2023). The open society and its life chances – From Karl Popper via Ralf Dahrendorf to a human geography of options and ligatures. *Geographica Helvetica, 78*(3), 341–354. https://doi.org/10.5194/gh-78-341-2023

Kühne, O., Parush, D., Shmueli, D., & Jenal, C. (2022). Conflicted energy transition – Conception of a theoretical framework for its investigation. *Land, 11*(1), 116. https://doi.org/10.3390/land11010116

Kühne, O., Weber, F., & Berr, K. (2019). The productive potential and limits of landscape conflicts in light of Ralf Dahrendorf's conflict theory. *Società Mutamento Politica, 10*(19), 77–90. https://oajournals.fupress.net/index.php/smp/article/view/10597. Zugegriffen: 22. Juni 2020.

Leibenath, M., & Otto, A. (2014). Competing wind energy discourses, contested landscapes. *Landscape Online, 8*(38), 1–18. https://doi.org/10.3097/LO.201438

Luhmann, N. (1993). Die Moral des Risikos und das Risiko der Moral. In G. Bechmann (Hrsg.), *Risiko und Gesellschaft. Grundlagen und Ergebnisse interdisziplinärer Risikoforschung* (S. 327–338) Westdeutscher Verlag.

Otto, A. (2017). Die Diskursforschung in der deutschen Energiewende: Perspektiven und Potenziale. *Berichte. Geographie und Landeskunde, 91*(2), 117–137.

Reusswig, F., Braun, F., Heger, I., Ludewig, T., Eichenauer, E., & Lass, W. (2016). Against the wind: Local opposition to the German Energiewende. *Utilities Policy, 41*, 214–227. https://doi.org/10.1016/j.jup.2016.02.006

Schmitt, T., Hamacher, J., Pflaum, A., Tilsner, R., & Wolf, M. (2016). Alles nur Wutbürger/Nimbies? Eine Analyse der jüngsten Konflikte zur Neuplanung von Stromtrassen in Bayern. *Mitteilungen der Fränkischen Geographischen Gesellschaft* (61/62).

Schweiger, S., Kamlage, J.-H., & Engler, S. (2018). Ästhetik und Akzeptanz. Welche Geschichten könnten Energielandschaften erzählen? In O. Kühne & F. Weber (Hrsg.), *Bausteine der Energiewende* (S. 431–445). Springer VS.

Sturm, C. (2017). Energie- und Klimapolitik in der Stadtentwicklung – Analysen städtischer Diskurse in Münster und Dresden. *Berichte. Geographie und Landeskunde, 91*(2), 173–189.

Thiel, A. (2003). *Soziale Konflikte*. Transcript.

Walter, F., Marg, S., Geiges, L., & Butzlaff, F. (Hrsg.). (2013). *Die neue Macht der Bürger. Was motiviert die Protestbewegungen?* (BP-Gesellschaftsstudie). Rowohlt.

Weber, F. (2017). Widerstände im Zuge des Stromnetzausbaus – eine diskurstheoretische Analyse der Argumentationsmuster von Bürgerinitiativen in Anschluss an Laclau und Mouffe. *Berichte. Geographie und Landeskunde, 91*(2), 139–154.

Weber, F. (2018). *Konflikte um die Energiewende. Vom Diskurs zur Praxis*. Springer VS.

Weber, F., Jenal, C., Roßmeier, A., & Kühne, O. (2017). Conflicts around Germany's *Energiewende*: Discourse patterns of citizens' initiatives. *Quaestiones Geographicae, 36*(4), 117–130. https://doi.org/10.1515/quageo-2017-0040

Fazit und Ausblick 9

Zusammenfassung

In diesem Kapitel wird kurz zusammengefasst, was die Anwendung der vorgestellten Theorien auf soziale Konflikte und ihre Erweiterung an Erkenntnis bringt. Es wird deutlich, dass die Auseinandersetzung mit Theorien zu sozialen Konflikten nicht nur einen akademischen Wert hat, sondern auch praktische Impulse zum Umgang mit Konflikten bietet. In diesem Sinne kann die theoretische Auseinandersetzung mit sozialen Konflikten einen konstruktiven Umgang mit sozialen Konflikten fördern.

Schlüsselwörter

Theorienanwendung · Soziale Konflikte · Weiterentwicklung · Praktische Impulse · Zukunftsperspektiven

Die Absicht des vorliegenden Buches war es, zu zeigen, wie die Entstehung und der Verlauf von sozialen Konflikten aus soziologischer Perspektive erklärt werden können. Nach einem knappen Überblick ausgewählter Ansätze sozialwissenschaftlicher Konfliktforschung, sind wir genauer auf zwei Perspektiven eingegangen, die auf den theoretischen Überlegungen zweier im deutschsprachigen Raum und darüber hinaus äußerst einflussreicher Konflikttheoretiker basieren. Mit der Vertiefung dieser Perspektiven wollten wir nicht nur zeigen, warum eine theoretische Auseinandersetzung mit sozialen Konflikten sinnvoll, sondern auch, warum sie bis heute noch relevant ist.

Was brachte nun aber die Auseinandersetzung mit Konflikttheorie an verwertbarer Erkenntnis? Zunächst ganz allgemein, sich bei Konflikten, egal ob es sich um Beziehungsstreitigkeiten, um den sogenannten Nahost-Konflikt oder um

Tarifauseinandersetzungen handelt, nicht darauf zu verlassen, dass die Beteiligten einer aus der Perspektive eines Dritten ‚objektiven Rationalität' folgen, wenn ihnen diese nur deutlich genug erklärt wird. Denn für die Beteiligten eines Konflikts sind ihre eigenen Handlungen rational, werden also subjektiv als ‚logisch' wahrgenommen. Die Wirklichkeitskonstruktion einer Konfliktpartei wird von dieser in diesem Sinne immer als ‚die Wahrheit' aufgefasst, und dass diese Wahrheit tatsächlich die richtige ist, wird in eskalierenden Konflikten durch diejenigen bestätigt, denen vertraut wird, und dies sind in der Regel (mehr oder weniger bewusst) die Beteiligten der eigenen Konfliktkoalition. Dass Affekte individuell und kollektiv die Aufmerksamkeit selektiv leiten, bleibt im Normalfall unbewusst.

Dieser Sachverhalt hat weitreichende Konsequenzen für den Umgang mit Konflikten. Der Einsatz von Deeskalationsstrategien führt keineswegs gesichert zu einer erfolgreichen (und nachhaltigen) Konfliktregulierung, vielmehr haben in eskalierenden Konflikten zwangsläufig alle Strategien ihre Grenzen. Auch eine von den beteiligten Parteien als erfolgreich wahrgenommene Deeskalation funktioniert zumeist nur über einen gewissen Zeitraum (die vollkommene Destruktion eines gastgebenden Systems ausgeschlossen, was wiederum keine Alternative sein kann, soll das Überleben einer Gesellschaft gesichert werden). Und dennoch ist Deeskalation nicht selten überlebenswichtig für die gastgebenden Systeme eskalierender Konflikte. Hier bleibt die Vermittlung, solange sie noch möglich ist, letztendlich der effizienteste und gleichzeitig kostengünstigste Weg, soll Nachhaltigkeit in der Konfliktregulierung erreicht und dabei die Viabilität des gastgebenden Systems garantiert werden.

Da allerdings auch Vermittlung keine Garantien bietet, sondern ihrerseits ebenfalls neue Konfliktpotenziale erzeugt, muss sich im Zusammenhang mit Konfliktmanagement, das in den eskalierten Konflikten etablierte Denken ändern. Hier gilt: Konfliktregulation sollte idealerweise unabhängig von bereits entstandenen Konflikten ansetzen, also bereits einsetzen, bevor Konflikte überhaupt manifest, also, bevor Widersprüche kommuniziert werden. Hinter dieser auf den ersten Blick paradoxen Forderung steckt die Überlegung, dass der Verlauf von Konflikten zum einen ganz wesentlich von den Strukturen (d. h. den Leitorientierungen, Kommunikationsregeln und Kommunikationsmustern) der Gruppen, Organisationen, Staaten, Staatenbünde etc., zum anderen von den individuellen und kollektiven mentalen Modellen (d. h. von den Vorstellungen, wie Konflikte zu führen und zu regulieren sind) abhängt. Soll Konfliktverhalten überindividuell und präventiv gesteuert werden, dann ist daher auf diese Verhaltensbedingungen einzuwirken, es ist der Kontext, in welchem potentielle Konfliktparteien handeln, zu gestalten, also eben die Kommunikationsregeln und -muster, die ein sich selbst konditionierendes Netzwerk möglicher Kommunikationsbahnen schaffen.

9 Fazit und Ausblick

Entsprechende Interventionen werden in der Organisationstheorie unter den Begriff des ‚organisationalen Lernens' gefasst, worunter der „Prozess der Veränderung der organisationalen Wissensbasis, die Verbesserung der Problemlösungs- und Handlungskompetenz sowie die Veränderung des gemeinsamen Bezugsrahmens von und für Mitglieder der Organisation" (Probst & Büchel, 1998, S. 17) zu verstehen ist. Organisationales Lernen ist keinesfalls die Summe individueller Lernprozesse. So handeln in Organisationen zwar viele Mitglieder gleichzeitig, die Organisation bedient sich jedoch nicht nur deren individueller kognitiver Leistungen, sondern vor allem deren *kollektiver* Intelligenz (vgl. Argyris & Schön, 1978). Und die ergibt sich eben nicht aus den Gedächtnisspeichern der Individuen, sondern aus organisationalen Speicherkapazitäten in Form von Werten, Normen, Ideologien, Routinen, Regelsystemen etc. Die Organisation lernt, indem sie Gelerntes in eben diesen Strukturelementen speichert, wobei dieses ‚organisationale Gedächtnis' unabhängig vom Wechsel einzelner Organisationsmitglieder in der Organisation verbleibt (vgl. u. a. Probst & Büchel, 1998; Willke, 1998).

Die Forderung nach organisationalem Lernen findet sich in der wissenschaftlichen Literatur in zunehmend stärkerem Maße (vgl. u. a. Argyris, 1993; Probst & Büchel, 1998; Senge, 1998; Willke, 1998). Im Hinblick auf die Regulierung von Konflikten schafft eine Rezeption dieses Denkmodells insofern eine neue Perspektive, als dass die Bedeutung klassischer, auf Einzelakteure abgestellter Prinzipien des Konfliktmanagements relativiert wird. Gruppen, Organisationen, Staaten oder Staatenbünde müssen in nachhaltiger Weise lernen, etablierte, aber ineffiziente Verfahren des Umgangs mit Konflikten zu verlernen, andere dagegen neu zu lernen, und zwar indem die Voraussetzungen für Konfliktverhalten, d. h. die handlungsleitenden Strukturen, verändert werden. Werden dabei die Überlegungen zu den Kosten und zum Nutzen von Konflikten bedacht, dann ist in diesem Zusammenhang das Ermöglichen von Konflikten genauso wichtig, wie das Vermeiden von Schäden. Radikaler formuliert: Soll das Innovationspotenzial von Konflikten genutzt werden, dann ist der Einsatz gewaltsamer Konfliktmittel, die Furcht oder Flucht des Gegenübers oder sogar dessen Vernichtung zur Folge haben, zu vermeiden, außerdem sind Hierarchien, die eine Unterordnung von Akteuren ermöglichen, abzubauen. Vor diesem Hintergrund sind auch die martialischen Gut-Böse-Konstruktionen und darauf aufbauend Unterordnungsrhetoriken, wie sie in der internationalen Politik, aber auch in subnationalen Konflikten (siehe unser Fallbeispiel der Energiewende) immer wieder zu finden sind, höchst problematisch. Denn letztendlich zielen sie nur darauf ab, eine andere Partei zu einem bestimmten Verhalten zu zwingen, um Partikularinteressen durchzusetzen, nicht etwa auf ein Anstreben von Einigungen (vgl. Ury et al., 1991). Und da sie mit der Durchsetzung der eigenen Macht und des eigenen Anspruchs das Beleuchten eigener blinder Flecken verhindern, wird wichtiges Innovationspotenzial verschenkt, vor allem dann, wenn die Drohungen dazu führen, dass sich aus Furcht vor Sanktionen niemand mehr traut, einer dominierenden Macht zu widersprechen, auch wenn der Widerspruch noch so berechtigt ist. Dabei ist das Ergebnis, die Durchsetzung der eigenen Position also, keinesfalls ein dauerhaftes, denn trotz scheinbarer ‚Konfliktlösung' bleibt der Dissens als „verhärtetes Knöllchen" (Luhmann, 1984, S. 531) weiterhin unter der Oberfläche existent, was dazu führen kann, dass der Ärger des Untergeordneten im Stillen weiter wächst und die Gefahr eines noch wesentlich aggressiver geführten, erneuten Konfliktausbruchs zunehmend ansteigt.

Mit Dahrendorf ist bei der Regulierung von Konflikten prinzipiell immer zu beachten, dass zum ersten Konflikte in der Gesellschaft latent durch Ungleichheiten angelegt sind, zum zweiten soziale Konflikte zur gesellschaftlichen Normalität gehören und zum dritten die Möglichkeit, dass soziale Konflikte – sollten sie geregelt werden – für die Gesellschaft produktiv sein können, immer mitgedacht werden muss. Ob Konflikte letztendlich aber längerfristig geregelt werden können, hängt nicht zuletzt vom Einfluss vorhandener Ligaturen ab. Gerade außengerichtete moralische Ligaturen wirken hier durch die moralische Unterordnung nicht-eigener Positionen wenig konstruktiv. Dagegen kann auf Grundlage ethischer Ligaturen eine Relationierung der Bedeutung des Konfliktes dahingehend erfolgen, dass eine Institutionalisierung des Konfliktablaufes (im Sinne einer Verfahrensgerechtigkeit) es verhindert, dass Konflikte ihr destruktives Potenzial entfalten, etwa, indem rechtsstaatliche Verfahren infrage gestellt werden, weil die eigenen, subjektiv als ‚überlegen' eingeschätzten Moralvorstellungen nicht verallgemeinert durchgesetzt werden können.

Aus und mit Konflikten lernen, setzt in diesem Sinne voraus, Kommunikationsmuster, Kommunikationsregeln und Leitorientierungen zu etablieren, die Transparenz, Kommunikation über Konflikte und über bislang nicht kommunizierten Dissens ermöglichen. Dabei wird insbesondere der strukturellen Verankerung von Diskursen Bedeutung zukommen, und zwar nicht nur Diskursen zwischen Einzelpersonen, sondern vor allem auch „systemischen Diskursen" (vgl. Eichmann, 1989). Und dabei gilt: Wenn ein Ehepartner dem anderen, eine Stelleninhaberin in einer Organisation einer anderen oder ein Staat oder gar mehrere Staaten in einer Weltgesellschaft einem anderen nachhaltig widersprechen, dann sollte dies für die Adressaten des Widerspruchs bereits Anlass genug sein, die eigene Position erst einmal zu überdenken und darüber zu reflektieren, was denn an den Interessen der anderen berechtigt ist und was nicht, um dadurch zu neuen, für beide Seiten langfristig wesentlich ergiebigeren Ordnungen zu finden.

In vielen Bereichen der Gesellschaft, vor allem in solchen, in welchen auf Mediation anstelle von hierarchischer Regulierung gesetzt wird, setzt sich ein solches Denken zunehmend durch. Dass ein solches Denken mittelfristig zu einer gesellschaftlichen Leitorientierung wird, ist zu diesem Zeitpunkt allerdings nicht abzuschätzen. Zunächst müsste, als ein erster Schritt auf dem Weg zu einem solchen Ziel, auch in den Institutionen der Gesellschaft (wie z. B. in der internationalen Politik), in welchen starre Gut-Böse-Unterscheidungen handlungsleitend sind, es gleichzeitig an Transparenz und gleichberechtigten Diskursen mangelt, über eine solche Orientierung laut(er) nachgedacht werden.

Literatur

Argyris, C. (1993). *On organizational learning*. Blackwell.
Argyris, C., & Schön, D. A. (1978). *Organizational learning: A theory of action perspective*. Addison-Wesley.
Eichmann, R. (1989). Systemische Diskurse – Zur produktiven Nutzung von Dissens. In M. Glagow, H. Willke, & H. Wiesenthal (Hrsg.), *Gesellschaftliche Steuerungsrationalität und partikulare Handlungsstrategien* (S. 55–80). Centaurus-Verlags-Gesellschaft.
Luhmann, N. (1984). *Soziale Systeme. Grundriß einer allgemeinen Theorie*. Suhrkamp.
Probst, G. J. B., & Büchel, B. (1998). *Organisationales Lernen. Wettbewerbsvorteil der Zukunft (2* (aktualisierte). Gabler.
Senge, P. M. (1998). *Die fünfte Disziplin. Kunst und Praxis der lernenden Organisation* (6. Aufl.). Klett-Cotta.
Ury, W., Brett, J. M., & Goldberg, S. B. (1991). *Konfliktmanagement. Wirksame Strategien für den sachgerechten Interessenausgleich*. Campus.
Willke, H. (1998). *Systemisches Wissensmanagement*. Lucius & Lucius.

SPRINGER NATURE

GPSR Compliance

The European Union's (EU) General Product Safety Regulation (GPSR) is a set of rules that requires consumer products to be safe and our obligations to ensure this.

If you have any concerns about our products, you can contact us on ProductSafety@springernature.com

In case Publisher is established outside the EU, the EU authorized representative is:

Springer Nature Customer Service Center GmbH
Europaplatz 3
69115 Heidelberg, Germany

The manufacturer's authorised representative in the EU is Springer Nature Customer Service Centre GmbH, Europaplatz 3, 69115 Heidelberg, Germany. If you have any concerns regarding our products, please contact ProductSafety@springernature.com

Printed and bound by CPI Group (UK) Ltd, Croydon, CR0 4YY
26/03/2026
02078943-0006